新三板市值管理

新三板市值倍增的"独孤九剑"

施淇丰　王凯◎著

新三板已（拟）挂牌企业、券商、投资公司、基金公司、中小企业局、金融办、审计、会计、律师、银行新三板市值管理必备书

企业管理出版社
EMPH ENTERPRISE MANAGEMENT PUBLISHING HOUSE

图书在版编目（CIP）数据

新三板市值管理：新三板市值倍增的"独孤九剑"/
施淇丰，王凯著 . -- 北京：企业管理出版社，2016.6
ISBN 978-7-5164-1267-1

Ⅰ . ①新… Ⅱ . ①施… ②王… Ⅲ . ①中小企业－企
业融资－研究－中国 Ⅳ . ① F279.243

中国版本图书馆 CIP 数据核字（2016）第 088065 号

书　　　名：新三板市值管理：新三板市值倍增的"独孤九剑"
作　　　者：施淇丰　王　凯
责任编辑：宋可力
书　　　号：ISBN 978-7-5164-1267-1
出版发行：企业管理出版社
地　　　址：北京市海淀区紫竹院南路 17 号　邮编：100048
网　　　址：http://www.emph.cn
电　　　话：总编室（010)68701719　　　　　发行部（010)68701816
　　　　　　编辑室（010)68416775
电子信箱：qygl002@sina.com
印　　　刷：北京凯达印务有限公司
经　　　销：新华书店
规　　　格：170 毫米×240 毫米　16 开本　15.5 印张　280 千字
版　　　次：2016 年 6 月第 1 版　2016 年 6 月第 1 次印刷
定　　　价：68.00 元

开卷有益。

新课题、共探讨，一起努力！

业界推荐

看到王凯与淇丰合作著成此书，我甚感欣慰，虽仍有很多心得与体会想与大家分享，但本书已提炼出新三板企业市值管理的精髓。在此向新三板企业家及高管、关注和关心挂牌公司市值管理的业界人士推荐此书。

——资本运营专家　房西苑

本书呈现给我们的是一部精品，集聚两位作者十年磨砺的精髓，简单易懂，实战性、实效性、实用性强，非常值得新三板的董、监、高们自备一本！

——行动教育（股票代码831891）董事长　李　践

只有通过新三板市值管理，才能把企业做大做强。改变思维是最大的收获，让我由产品思维转变为资本思维。房老师、王老师、施老师对于市值管理相关理念、工具、模型的分享，通俗易懂，给人的启发颇深，希望能接受老师更多的指导！

——宜达胜（股票代码430384）董事长　陈卫权

在锦狮新三板市值管理微咨询中，我了解了产品思维与资本思维的差异，从分享的各个案例的示范引导中得到了很大的启发。

——固尔邦（股票代码834364）董事长　刘　伟

这本书的内容非常专业，且紧跟新三板发展需求，很值得学习，内容充实，工具有效，通俗易懂，与时俱进。

——运维电力（股票代码832505）董秘　孙　红

通过新三板市值管理微咨询对我企业的梳理，改变了我做传统行业的古板思维，从产品思维提升到资本思维。感谢房西苑老师，感谢锦狮投资！

——开运食品（股票代码200022）董事长　朱耀芬

运用资本思维来发展企业，实现市值最大化。在微咨询中我收获到思想解放、思维模式变换，学会战略设计、战术落地。王凯老师是资深董秘、投资专家，施淇丰是非常有经验的管理者、培训师，他们组成的市值管理实践专家团队是最棒的。

——田歌实业（股票代码834523）董事长　程雅锦

新三板市值管理是上市公司管理工作的核心，通过3天的学习，我加深了对市值管理的认识，那就是必须建立资本运营团队，掌握市值管理的方法和工具。

——三江股份（股票代码833001）董事长　陈永军

通过这本书，我学到了员工期权方案的完美设计方式。从产品思维向资本思维的转变是我最大的改变。

——鼎晖科技（股票代码430344）董事总经理　金嘉萍

在微咨询中，我了解了市值管理的要素，以及整体市值管理的方案，同时在众多的实操案例中慢慢地开始学会梳理自己公司的市值管理方法。资本市场市值管理是关键，是产品市场的坚强后盾。希望房老师后续举办更多的咨询！

——天劲股份（股票代码831437）副总裁　曾宪武

在微咨询中，我的资本思维进一步形成，对锦狮有了全新的认识，对新三板市值管理、资源整合中锦狮的操作理念和方法、工具非常感兴趣，希望能有更深入的合作。

——柳爱科技（股票代码 430535）董事　毛明华

这本书打开了我的思维，让我对企业的战略有了全面的认识，见识了锦狮房西苑、王凯、施淇丰三位老师的真才实学。

——仙宜岱（股票代码 430445）总经理　张映庄

新三板市值管理拓宽了企业的经营思路，同时掌握了市值管理的方法和工具。各位老师功底扎实，实践经验丰富，思路新颖，能把握各行业最新动态和最新案例。

——全密封（股票代码 831174）董秘　李硫光

打通市值管理的"任督二脉"

　　因 10 年前所写的《资本的游戏》一书触动"读者"施淇丰先生多次与我会谈，包括特地飞往我在三亚的项目现场，只为介绍他对新三板的理解与对其未来的判断。他通过对投资行业、经济趋势、国家政策的调研与分析，认为新三板市值管理对挂牌新三板的企业有很大的促进与帮助作用；同时，对中国证券市场的改革也具有很正面的意义。我从 1995 年回国到现在，服务了两百多家各类规模企业的管理咨询及市值管理方案，包括携程、运通并购案，让我深刻体会到市值管理对中国企业的价值，也看到了中小企业极大的市场需求。所以，我决定与王凯支持淇丰及锦狮投资新三板市值管理的事业。

　　我与王凯 1997 年就相识并一直合作至今，完成了很多项目，诸如北京移动通信连锁经营网络并购、成都商业综合体项目估值模型及并购、智能科技产业园商业模式设计及投入产出模型构建、宁波云教学平台商业模式设计及估值模型等。王凯擅长实际运营、管理操作，他的沟通能力与方案执行能力很强，在上市公司、挂牌公司的运营和实际操作方面具有丰富的经验；淇丰有 10 年培训界的资历、资源、人际关系，尤其在营销、推广方面有独到见解和建树。我们三人立志打造一个为新三板挂牌企业提供市值管理服务的"梦之队"，希望这个"梦之队"能够帮助企业打通市值管理的"任督二脉"。

我们提出的新三板挂牌企业市值持续成长的九大模块，按照"科幻小说"、"真才实学"、"资本魔方"分类后，将企业的发展战略、产品经营、资本运营有机结合形成一个系统。在实际操作中将九大模块植入挂牌和上市公司的经营管理中，形成和构建一套规范化、标准化、数字化和模块化的市值管理模型，这将是目前为止我所看到的针对新三板挂牌企业最为实用、最为简洁、最有价值的服务和产品组合。

看到王凯与淇丰合作著成此书，我甚感欣慰，虽仍有很多心得与体会想与大家分享，但本书已提炼出新三板企业市值管理的精髓。在此向新三板企业家及高管、关注和关心挂牌公司市值管理的业界人士推荐此书。

资本运营专家　**房西苑**

十年磨砺的精髓

我经营企业三十多年来最看重的就是实战、实效、实用，与施淇丰施总共事十余年，他参与了整个行动教育创业、规模扩张、业务多元化的发展，进军创业板受阻后，继而转新三板的整个过程。淇丰从成立行动教育的第一家分公司开始，到管理整个集团的营销、投融资，一直兢兢业业、勤勤恳恳，十余年来走访了五百多家企业，既有上市公司、拟 IPO 企业，也有大型国企、民企，积累了丰富的企业管理、资本运作的实战经验。

淇丰在与我和房西苑老师的合作中，认真学习、积极总结，把企业经营管理与资本运营进行有效、创新地结合，和王凯老师总结出一套新三板市场排行榜数据分析应用系统与市值管理模型。这套系统和模型对行动教育的市值管理已起到了很好的提升作用。

新三板的市值管理是一个很好、很精准的课题，符合简单、聚焦、专注的经营原则。市值管理所涵盖的内容包罗万象，但以淇丰为首的锦狮团队能够科学分类、提纲挈领、直指核心，为新三板挂牌企业建立市值管理能力提供了理论基础。特别是关于新三板市值管理模型的提炼以及对每个模块工具、方法的精心设计，又经历数期"新三板市值管理"微咨询的打磨，如此这般后，本书呈现给我们的是一部精品，集聚两位作者十年磨砺的精髓，简单易懂，实战性、实效性、实用性强，非常值得新三板的董、监、高们自备一本！

行动教育（股票代码831891）董事长　**李践**

帮助企业建立"爬楼梯"的能力

　　企业上市与资本运作虽然是很复杂的事情，但通过系统化、条理化地总结，其实可以把复杂的问题简单化、数字化、模块化。虽然一切事物不能一统而论，但大部分复杂的问题可以用这样的方法去解决。所以，我们总结出的市值管理模型是"一个目标"、"两个团队"、"三大核心"、"九大模块"，包括 37 个方法、88 个工具，以此来帮助新三板企业培养市值管理的能力。

　　在做新三板市值管理工作之前，我用了 11 年的时间和行动教育的董事长李践先生在企业经营管理领域服务中国中小型企业。虽然其中也不乏上市的大型企业、"明星企业"，但我们总是在"产品经营"上用培训的方式帮助它们改善和提升。自从接触了国内顶尖的资本运营专家房西苑老师、王凯老师，特别是看到房西苑老师所做的实操咨询案例以后，我打开了另一扇窗：原来可以把企业战略、商业模式、运营流程、财务数据、股权激励、收购兼并，甚至更高级的经营形态——资本经营等一系列企业经营的行为数字化、模块化。

　　如果用"10-8=2"来表达产品经营的话，那么资本经营就是"2 的 N

次幂"；如果用"爬楼梯"来形容产品经营的话，那么资本经营就是"坐电梯"。新三板市值管理和 A 股市值管理之间最大的区别就是除了帮助企业"坐电梯"之外，更为重要的是帮助企业建立"爬楼梯"的能力。

我曾见证了 A 股上市公司"牧原股份"（股票代码 002714）、"大北农"（股票代码 002385）、"罗莱家纺"（股票代码 002293）从产品经营提升到资本经营的过程，从有竞争力的公司到行业龙头企业的变化。在上市前，它们为未来的"坐电梯"做了大量和充分的准备工作，这些工作也是新三板企业必须做的。

在过去十多年咨询、培训历程中，我走访过五百多家各行各业的企业，积累了一定的管理企业的经验，加之三年来和各种券商、基金、投资机构、会计师、律师等接触、合作，结合资本运营的高度和产品经营的深度，我有了很多自己的体会，也总结了经验和教训，并在房西苑老师、王凯老师的指导下，把它们简单化、数字化、模块化，形成了今天新三板市值管理的模型，并在数家新三板挂牌企业中实践，取得了良好的效果。

今天把这套系统分享出来与大家共勉，希望和已挂、拟挂牌企业的董事长、董秘、总裁、总经理、财务总监，包括主管金融工作的各级政府领导、券商、基金、投资公司、自然投资人、中介机构的相关人士共同探讨，通过资本与实业的有效结合，打造出一批真正有持续盈利能力、有资本运营能力的挂牌公司和上市公司，为中国的经济改革、金融改革、证券市场改革做出我们的微薄贡献。

施淇丰

悟道：真正的市值管理

本书里谈到的"市值管理"和现在市场上流行的"市值管理"、专家眼里的 A 股市值管理是有很大区别的。

市场上流行的"市值管理"更多被人认为是"坐庄"、利用内幕消息炒作、"拉抬"、"出货"、利益输送等，它将一个资本市场非常规范和专业化的市值管理概念"妖魔化"了。在投资者和监管层的眼中，介绍自己做市值管理时，别人会以另类的眼光看这份"灰色职业"。但事实上，真正的市值管理是依据挂牌和上市公司的"市值信号"，在上市公司、投资者及上市公司所有利益相关者和参与者之间建立一种正向、稳定、前瞻、常态化的信息传导、沟通机制，使挂牌和上市公司的市值最大化，并以此服务于挂牌和上市公司整体的经营和发展战略。

公司经营的终极目标是使公司价值最大化、股东利益最大化、社会效益最大化。怎样构建一种基于市值最大化的创新商业模式、基于市值最大化的运营管理系统、基于市值最大化的核心团队是每家挂牌和上市公司必须面对的战略决策和基础课题。所以，从市值管理的角度来说，公司的一切管理的出发点和目标都是市值管理。

已经有超过近万家新三板挂牌公司由于其进入门槛低，无盈利指标要求，在公司治理结构、盈利指标、商业模式创新以及团队建设等方面参差不齐；特别是创新层分层标准推出后，85%以上新三板挂牌公司均无法达到创新层的分层标准（进入创新层企业约占中挂牌企业14%），也就是说参照创新层3套标准的10个指标设计挂牌公司的近期的经营发展目标就变成非常具体和有针对性了，实际上这就是绝大多数新三板挂牌公司短、中期进行市值管理的最基本内容。

本人在近三年接触了数十家新三板挂牌公司，深感这些公司在商业模式设计、运营系统构建、薪酬和股权激励、公司治理结构及团队建设方面仍存在很大的提升空间。这些公司还未具备完善的"爬楼梯"的能力，就已坐上了"电梯"，所以，新三板市值管理需要补的课还有很多。

我从第一家民营上市公司"琼能源"董秘、投融资副总裁一路走来，见证和亲历了中国资本市场风风雨雨的发展历程。从设计和发行海南第一支股票，"背着纸质股票"向机构、企业和个人"兜售"股票开始，经历了上市公司股票发行、增发、管理层和员工持股、债券融资、项目及企业并购、上市公司控股权的转让等，期间亲历了上市公司所有与市值管理相关的工作。

当锦狮投资的施总邀请房西苑老师和我共同参与新三板市值管理微咨询设计和投资及基金业务时，我强烈意识到这是件大好事！我坚定地认为，为解决中、小、微民营企业融资难、融资贵，在国家层面推出的新三板制度设计将是近年来推出的，从制度上支持国家双创战略的最大的"改革增量"。中国95%的企业都是中、小、微企业，有幸参与到针对新三板，特别是中、小、微企业市值管理的事业里来，让我觉得这是一件非常荣幸的事，也是非常有价值和可持续的大事业。我愿意将我多年在 A 股市场及投资银行领域积累的市值管理经验、心得分享给中、小、微的企业家。

本人有幸参与创建以新三板市值排行榜为核心的数据分析和应用系统、新三板市值管理模型，我希望这些系统、模型将能够真正为新三板挂牌企业提供有操作性、实战性、价值性的实战工具和方法；同时，这些系统、工具和方法还在进一步完善、迭代中，希望能和新三板优秀的企业家、高级管理人员互相学习、互相借鉴、共享共建、共成长！

王凯

目 录

序篇

XIN SAN BAN SHI ZHI GUAN LI

"新三板"并不是一个新鲜的名词，却是一个热点的名词。现在，"新三板"已不只是北京中关村小范围科技公司微显微露的"试验田"，它已经是中国资本领域里人人垂涎的最大蛋糕。

新三板，全名是"全国中小企业股份转让系统"，是经国务院批准设立的全国性证券交易场所，是与上交所和深交所并立的第三个全国性股票交易市场。

新三板的发展历程

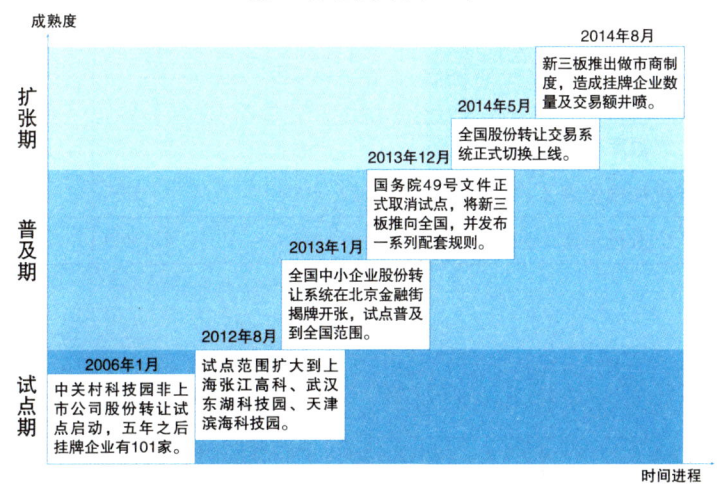

成熟度

扩张期

2014年8月
新三板推出做市商制度，造成挂牌企业数量及交易额井喷。

2014年5月
全国股份转让交易系统正式切换上线。

普及期

2013年12月
国务院49号文件正式取消试点，将新三板推向全国，并发布一系列配套规则。

2013年1月
全国中小企业股份转让系统在北京金融街揭牌开张，试点普及到全国范围。

2012年8月
试点范围扩大到上海张江高科、武汉东湖科技园、天津滨海科技园。

试点期

2006年1月
中关村科技园非上市公司股份转让试点启动，五年之后挂牌企业有101家。

时间进程

下表为 2015 年 12 月 31 日前刚获取到的新三板数据[1]，目前挂牌公司有 5129 家，是 2013 年年末的 14.5 倍、2014 年年末的 3.26 倍；机构投资者账户分别是 2013 年 20 倍、2014 年的 4.84 倍；个人投资者分别是 2013 年的 26.71 倍、2014 年的 4.51 倍。随着新三板市场快速发展，新三板已成长为支持创新创业型及成长型中、小、微企业发展最主要的资本平台。

		2015 年	2014 年	2013 年
挂牌规模	挂牌公司家数	5,129	1,572	356
	总股本（亿股）	2,959.51	658.35	97.17
	总市值（亿元）	24,584.42	4,591.42	553.06
股票发行[2]	发行次数	2547	329	60
	发行股数（亿股）	229.90	26.52	2.92
	融资金额（亿元）	1,213.38	132.09	10.02
股票转让	成交金额（亿元）	1,910.62	130.36	8.14
	成交数量（亿股）	278.91	22.82	2.02
	换手率（%）	53.88	19.67	4.47
	市盈率（倍）	47.23	35.27	21.44
投资者账户数量	机构投资者（户）	22,717	4,695	1,088
	个人投资者（户）	198,625	43,980	7,436

[1] 文中应用的数据分别来自当时章节完成时的最新更新数据，与现在数据或有差异，以当下数据为准。
[2] 2015 年股票发行数据截至 12 月 31 日，下同。

新三板定位和职能

新三板定位于非上市股份公司股票公开转让和股票发行融资的市场平台，为公司提供股票交易、发行融资、并购重组等相关服务，为市场参与人提供信息、技术和培训服务。在这个平台上，具有代办系统主办券商业务资格的证券公司采用电子交易方式，为非上市股份有限公司提供规范股份转让服务。

新三板来源和发展

新三板最早发源于北京中关村，主要是一些相对高科技的企业。而之所以叫"新"三板，是因为还存在一个老三板，主要是承载原STAQ、NET系统挂牌公司和退市企业的公司股权转让。

2006年，中关村科技园区非上市股份公司进入代办转让系统，进行股份报价转让，称为"新三板"。由于中关村的企业有限，因而当时的新三板成交量有限，交投极度不活跃。

2012年，上海张江高新技术产业开发区、武汉东湖新技术产业开发区和天津滨海高新区加入新三板试点，至此新三板扩大到4个国家级高新园区，项目来源大大扩展。

2013年年底，证监会宣布新三板扩大到全国，对所有公司开放。2014年1月24日，新三板一次性挂牌285家，并累计达到621家挂牌企业，宣告了新三板市场正式成为一个全国性的证券交易市场。

　　目前，新三板企业多处在成长阶段，无论是从企业角度还是股票交易、市场发展角度而言，都有很大的成长空间。

　　是时候该抓住这一历史时机了。

第一章

拨云开雾——看清"新三板"

XIN SAN BAN SHI ZHI GUAN LI

新三板对于中国资本市场有非凡的意义。其火爆现象背后是严重的分化，多数新三板企业依然存在融资难、估值低、不活跃、变现难等诸多问题。面对"政策"局限，交易"制度"客观上无法改变的现实，挂牌企业更多地要找"主观不力"的因素，从企业自身资本运营的能力上找问题。

第一节　"火爆"市场，冷眼分化

新三板市场"注册制"的制度设计及低门槛的挂牌条件，给予企业、投资人很大的成长、增值空间。原本在主板上市通道中排队遥遥无期的企业，或不具备主板上市条件的公司，都把目光转向了新三板市场，更有甚者，曾经通过 VIE 架构在境外上市的企业也"春心萌动"、跃跃欲试，想回归本土。可见新三板对于中国资本市场意义重大。

我们同时也看到，虽然新三板挂牌企业中已有 12 家成功转板（10 家转创业板、两家转中小板），但比例还是很小。

2015 年 11 月 24 日，证监会推出创新层准入标准的征求意见，符合"三大标准"、"10 项指标"的企业约七百家，占新三板挂牌企业的 14%。

截至 2015 年 12 月 30 日，挂牌公司总数为 5104 家，做市交易的有 1107 家，协议转让的有 3997 家，做市交易占新三板企业挂牌总数 21.69%。目前排队申报待挂牌的企业有 2074 家，正在申报准备挂牌的企业超过 6000 家。如此规模的资本市场"繁荣景象"在全球资本市场发展过程中史无前例。

根据 2015 年 12 月 18 日至 24 日的股转系统周报所示（见表 1-1、表

1-2）：成交金额在前十位的公司单日平均交易额为 3.84 亿元，占到单日新三板交易额的 34.07%；平均成交价格 3.52 元。数字见真实，火爆市场背后是严重的分化。

表 1-1　2015 年第 51 周挂牌公司股票成交金额前 10 名

序号	证券代码	证券简称	转让方式	成交均价（元）	成交数量（万股）	成交金额（万元）
1	832970	东海证券	协议	10.21	6,238.30	63,702.04
2	830899	联讯证券	做市	2.80	15,141.10	42,389.43
3	831963	明利仓储	做市	5.16	5,228.20	26,978.90
4	832168	中科招商	协议	21.94	547.90	12,021.08
5	430591	明德生物	做市	40.20	254.30	10,223.55
6	832043	卫东环保	做市	3.22	2,679.70	8,629.07
7	834102	电联股份	协议	1.03	7,477.50	7,676.90
8	833914	远航合金	协议	4.46	1,577.50	7,039.23
9	832379	鑫融基	协议	1.06	6,625.20	7,035.33
10	430558	均信担保	做市	2.57	2,550.60	6,546.91

表 1-2　挂牌公司股票成交数量前 10 名

序号	证券代码	证券简称	转让方式	成交均价（元）	成交数量（万股）	成交金额（万元）
1	830899	联讯证券	做市	2.80	15,141.10	42,389.43
2	834102	电联股份	协议	1.03	7,477.50	7,676.90
3	832379	鑫融基	协议	1.06	6,625.20	7,035.33
4	832970	东海证券	协议	10.21	6,238.30	63,702.04

续表

序号	证券代码	证券简称	转让方式	成交均价（元）	成交数量（万股）	成交金额（万元）
5	831963	明利仓储	做市	5.16	5,228.20	26,978.90
6	832043	卫东环保	做市	3.22	2,679.70	8,629.07
7	430558	均信担保	做市	2.57	2,550.60	6,546.91
8	834178	金田铜业	协议	1.02	1,854.95	1,889.70
9	833914	远航合金	协议	4.46	1,577.50	7,039.23
10	430270	高曼重工	协议	1.00	1,517.20	1,517.20

有相当部分的企业挂牌后，两年之中没有任何公开交易，形如"僵尸"。截至 2015 年 12 月 31 日，新三板挂牌企业的平均发行价格为 7.21 元，实际成交价格为 5.25 元，平均市盈率为 47.97 倍，每天交易的约有 500～600 家挂牌企业。

截至 2015 年 12 月 31 日，新三板市场总股本 2936.35 亿股，流通股本合计 1016.32 亿股，成交股数 24334.95 万股，成交金额为 112740.69 万元（见表 1-3）。

目前，新三板的总市值已经相当于 3.4% 的 A 股市值（A 股总市值 58 万亿元，新三板总市值 2 万亿元），每天新三板的交易量为 11.27 亿元（以 2015 年 12 月 29 日为例），还不如很多 A 股上市股票一支股票一天的交易额（2015 年 12 月 29 日当日 A 股交易额超过 11 亿元的公司有 102 家）。

虽然，国内目前以各种形式成立了 2000 多家新三板专项投资基金，并有 19.89 万自然投资人开通新三板投资资格，但更多的以观望为主，真正实际投入的并不多。所以，新三板市场"火爆"的背后，依然存在融资难、估值低、不活跃、变现难等诸多问题。

表1-3 新三板 [3] 挂牌企业与交易数量

挂牌公司数（家数）	协议转让（家数）	做市交易（家数）	做市交易占比	申报待挂牌（排队数）	当日挂牌（家数）
5,104	3,997	1,107	21.68%	2,074	30
2015年7月15日，新三板挂牌公司首次超过A股	78%的挂牌公司没有做市交易	做市商总计84家，平均12家/做市商	符合"2：8"原理	按照20家每工作日计，排队时间约5个月	最近10个工作日的平均家数为22

　　表1-4是对新三板融资（定增）数据的解读，近一年来完成定增的有2516家企业，平均融资额为4755万元，近一年定增的企业占比约51.36%，截止到2015年9月，定增破发家数快速上升，破发企业家数占定增企业近四成（见表1-5）。

---

[3] 本数据来自锦狮市值排行榜分析系统平台，数据截止到2015年12月31日。

表 1—4 新三板融资数据

序号	项目\时间	2012年	2013年	2014年	2015年1月	2015年2月	2015年3月	2015年4月	2015年5月	2015年6月	2015年7月	2015年8月	2015年9月	2015年10月	2015年11月	合计
1	股票发行次数	24	60	329	67	52	97	115	151	260	321	370	287	264	814	1,720
2	发行数量（亿股）	1.92	2.92	26.52	2.44	2.56	7.02	26.09	10.62	16.74	34.95	27.80	33.05	24.14	110.81	161.27
3	募集金额（亿元）	8.55	10.02	132.09	14.90	13.82	49.42	54.34	89.35	95.64	144.01	168.53	116.96	149.33	798.75	746.97
4	平均价格（元）	4.44	3.43	4.98	6.01	5.40	7.04	2.08	8.42	5.71	4.12	6.06	3.54	6.19	7.21	4.63
5	成交数量（亿股）	0	0	0	4.95	5.30	24.93	35.52	24.53	21.26	18.95	15.93	18.13	19.63	43.39	169.50
6	成交金额（亿元）	0	0	0	29.73	35.82	220.02	33.12	226.12	177.68	123.00	89.98	79.51	89.47	227.95	1,319.16
7	成交笔数（万笔）	0	0	0	4.93	4.91	32.89	50.73	24.32	23.44	30.56	17.76	13.41	12.69	33.45	202.95
8	成交价格（元）	0	0	0	6.01	6.76	8.83	10.50	9.22	8.36	6.49	5.65	4.39	4.56	5.25	7.19
9	总股本额（亿股）	0	0	0	765.78	833.67	919.16	1,058.51	1,155.74	1,277.02	1,540.27	1,735.15	1,893.73	2,126.26	2,463.07	
10	总市值（亿元）	0	0	0	5,591.64	6,196.13	9,422.04	11,166.43	12,500.86	11,933.69	13,191.72	14,082.09	15,111.20	17,092.40	20,807.51	
11	平均市盈率（倍）	0	0	0	36.64	38.78	56.55	60.90	52.31	45.90	42.07	41.72	42.48	43.61	47.97	

表 1-5　新三板融资数据解读

序号	时间 项目	近1周	近1个月	近3个月	近1年
1	定增实施数量（家）	83	274	870	2,516
2	定增规模（亿元）	3,209,000,000	9,050,000,000	47,135,000,000	119,656,000,000
3	平均市盈率	37.10	40.07	55.39	37.20
4	平均融资额	38,662,651	33,029,197	54,178,161	47,558,029
5	定增占挂牌总数比	1.69%	5.59%	17.76%	51.36%
6	截至9月定增家数				438
	破发家数				166
7	破发家数占比				37.9%

注：挂牌公司总数=4899　资料更新：2015/12/27

　　新三板市场最基本、最核心的功能是融资，新三板挂牌上市企业门槛低，没有盈利的刚性条件，主要服务于创新型中、小、微企业。但由于企业规模等差异，挂牌企业融资规模差异巨大。2015 年以来单笔融资最多的达到 100 亿元，而最少的只有 3.5 万元[4]。

　　从 2015 年初截止到 11 月底，与拟发行股票相比，实际完成股票发行的总数占拟发行总数的 31.62%，实际募集到的资金总额占拟募集资金总额的 25.85%（见表 1-6）。

---

[4] 来自股转系统。

表 1-6 挂牌公司股票发行统计

时间	完成股票发行				拟发行情况（月末数据）			
	次数	股票数量（亿股）	募集金额（亿元）	均价（元）	次数	股票数量（亿股）	募集金额（亿元）	均价（元）
2012 年累计	24	1.92	8.55	4.44				
2013 年累计	60	2.92	10.02	3.43				
2014 年累计	329	26.52	132.09	4.98				
2015 年 1 月	67	2.44	14.90	6.01	201	31.28	78.84	2.52
2015 年 2 月	52	2.56	13.82	5.40	222	33.11	83.09	2.51
2015 年 3 月	97	7.02	49.42	7.04	333	25.20	169.49	6.73
2015 年 4 月	115	26.09	54.34	2.08	281	33.46	101.46	3.03
2015 年 5 月	151	10.62	89.35	8.42	420	43.21	188.15	4.35
2015 年 6 月	260	16.74	95.64	5.71	827	79.84	583.59	7.31
2015 年 7 月	321	34.95	144.01	4.12	717	76.67	597.70	7.80
2015 年 8 月	370	27.80	168.53	6.06	730	81.03	670.10	8.27
2015 年 9 月	287	33.05	116.96	3.54	701	72.70	496.11	6.82
2015 年 10 月	264	24.14	149.33	6.19	716	74.01	518.15	7.00
2015 年 11 月	279	23.74	211.59	8.91	814	110.81	798.75	7.21
2015 年累计	2,263	209.15	1,107.08	5.29	5,962	661.32	4,285.43	5.30

总体看，新三板市场发展非常迅速，金融机构成为新三板市场最吸引资金的企业，包括 PE、券商等在内的六家机构合计融资超 300 亿元，接近市场总规模的三分之一。但 2016 年 2 月起，股转系统已暂停"P2P等类金融企业"挂牌新三板。

在经济运行中，"二八现象"到处存在，新三板市场也不例外。在上述一千多亿元融资中，少数的企业获得了其中大部分资金。而新三板市场上的四大 PE——中科招商、九鼎投资、硅谷天堂、达仁资管更是其中典型的募资代表。

2015 年，中科招商成功融资四次，单次最大融资额为 50.32 亿元，合计融资 108.84 亿元，是目前新三板市场融资额最大的企业[5]。

其次是九鼎投资，其单次融资额为 100 亿元，是 2015 年单次融资规模最大的一次发行。

第三位硅谷天堂，成功发行一次，融资额为 30.71 亿元。

第四位的达仁资管，2015 年以来成功发行四次，融资额为 10.95 亿元。

上述四大新三板挂牌企业年内合计融资额为 250.50 亿元，约占目前新三板市场融资总额的四分之一。

又如 2015 年 11 月 5 日挂牌的浙商创投，挂牌当天发行融资 2.12 亿元。其他挂牌金融机构也是新三板市场融资大户。南京证券 10 月份单次融资达 34.44 亿元，联讯证券 4 月份融资额达 27.91 亿元。

年内融资额超过 10 亿元的公司还包括：天图投资融资额为 26.83 亿元，中国康富融资额为 18.75 亿元，海航冷链融资额为 17.06 亿元，齐鲁银行融资额为 15.01 亿元，明利仓储发行两次融资 15 亿元，益盟股份融资额为 12.50 亿元。

从发行融资次数方面看，楼兰股份成功融资 7 次，融资金额共 2.02

---

[5] 该报道来自新华网。

亿元。光宝联合、森鹰窗业、善为影业成功融资 5 次，华宏医药、广达新网、华维电瓷等众多公司成功发行融资 4 次。

目前，新三板的交易活跃度与参与做市券商的家数呈正比，做市企业中联讯证券以拥有 34 家做市商领冠所有做市企业；共有 226 家挂牌企业达到分层标准中对于做市商 6 家的要求，4～5 家做市商的企业有 266 家。这与做市商制度相当成熟的美国纳斯达克，每家做市企业平均拥有 12 家做市商的水平相距甚远。

"火爆"的市场下，我们真实看到的却是融资、做市成绩差距的两级分化。

第二节　"客观"局促，主观不力

新三板的发展得益于国家政策红利，也源自制度创新。但制度红利催生的非理性繁荣也引发了监管层的担忧。为保持市场健康发展，监管层放慢了政策红利的步伐，市场交易也随之降温。而随着 A 股的深度调整，加上政策预期不明朗，新三板热度再次下降。

虽然新三板已然成为中国最大的资本市场，具有庞大的挂牌公司资源，但是，目前监管有两难：一方面国家希望给中、小、微公司一个可以定价、公平交易、市场定价的资本市场平台，落实国务院"双创"战略举措。另一方面，新三板上市，企业的水平差别很大，导致了当下交易不活跃、原本政策推行的主要目标受限、融资与资源配置效果较弱。

从制度设计看，新三板有三种交易方式：协议转让、做市交易和竞价交易。但竞价交易仍未推出。目前，股转系统鼓励挂牌同时实行做市交易，现已经能够在挂牌同时进行交易，但只限于主办券商为做市商。

2015 年 11 月 24 日，股转系统官方发布《全国股转系统挂牌公司分层方案（征求意见稿）》，根据其公布的筛选标准进行初步筛选，结果显示能够进入创新层的企业仅 700 家，占比 14%。从其差异化的制度安排来看，86% 的企业将留在基础层。

从美国经验来看，分层确实有助于改变市场良莠不齐的现状，但从企业发展来看，分层可能会给中小企业融资带来新问题。

股转系统发布的分层标准共有三个，符合其中任意一个标准且满足最近 3 个月内实际成交天数占可成交天数的比例不低于 50% 等条件，即可进入创新层。

总的来说，三个分层标准分别从业绩（净利润 + 净资产收益率 + 股东人数）、成长性（营业收入复合增长率 + 营业收入 + 股本）和市场选择（市值 + 股东权益 + 做市商家数）等角度对企业做出了一定的要求（针对分层制度的市值管理规划以及相关条款，详细内容参考附录附表 2）。

已挂牌公司需在 2015 年年报披露截止日（2016 年 4 月 29 日）后，全国股转系统根据分层标准，自动筛选出符合创新层标准的挂牌公司，于 2016 年 5 月正式实施。

在这份分层方案征求意见稿中，专门提出了"差异化制度安排"，"挂牌公司分层的本质是挂牌公司风险的分层管理，其实现方式是制度的差异化安排。通过分层，对不同层级挂牌公司实施差异化的服务和监管"。这里的差异化制度安排主要体现在服务和监管两个方面（见表1-7）。

表 1-7　服务与监管的差异化制度安排

所在层级	服务内容	监管内容
创新层	1. 优先进行融资制度、交易制度的创新试点 2. 对创新层挂牌公司建立一次审批、分期实施的储架发行制度和挂牌公司股东大会一次审议、董事会分期实施的授权发行机制 3. 加强融资定价指导、限售管理和募集资金使用的管理 4. 探索并购贷款和并购基金的可能性	1. 从信息披露的时效性和强度上适度提高要求，要求该层公司披露业绩快报或业绩预告，并提高定期报告、临时报告披露及时性的要求，鼓励披露季度报告，加强对公司承诺事项的管理 2. 要求进一步完善治理结构和建立相关制度，要求设置专职董秘，强化对公司董、监、高敏感期股票买卖、短线交易的管理 3. 实施严格的违纪计分制度和公开披露制度，并与责任人员强制培训制度相衔接，研究引入资源限售制度
基础层	探索运用大数据方式进行公司个体诊断和横向比对，提高市场透明度和投融资对接效率，并强化非标准的个性化服务	在执行现有监管规则的同时，适度降低定期报告和临时报告披露要求

创新层企业在服务方面可能会享受到一些政策红利（融资制度、交易制度创新试点），当然也对创新层企业提出了更高的监管要求。这给企业

市值管理带来新的方向,企业可以根据分层制度的标准来制定市值管理的目标,结合市值管理模型进行规划。

资本市场有三大功能,即定价、融资、资源配置,而目前定价失真是现在新三板的最大问题。定价的基础是市场活跃度,有人买卖,在博弈的过程中会让企业的真正价值有可能得到实现。例如 A 股股票,一般购买者都会参考每天交易额、交易量、当天的涨跌幅度、股东变动、换手数等数据,买的人希望交易价格越低越好,卖的人希望越高越好,这就会产生一个中间博弈的平衡。而目前新三板的市场定价失真会影响交易的活跃度,而交易活跃度反过来又会影响挂牌企业真正价值的体现。

交易市场的活跃与交易规则、制度有关,没有连续竞价交易,只有协议转让或做市交易二选一,制度设计本身导致交易不活跃。同时对个人、投资机构要求门槛较高,需 500 万元金融资产高净值人群,导致购买者有限,这也是交易不活跃的重要原因。

以上这些政策、制度的局限,导致定价功能不充分,融资功能受限制,资源配置功能弱。

在呼吁政策支持与调整的众声下,新三板分层制度即将实行,创新层分层标准已在征集调研中,这是新三板制度建设向前迈进的重要一步,但也不能迅速改变目前市场低迷的现状。业界依然希望创新层应考虑适时推出竞价交易制度,考虑适应交易制度的投资门槛的调整,能够进一步扩大做市商的队伍,以提高交易活跃度,但涉及政策和制度设计的部分,作为挂牌企业本身无能无力。

新三板是国家提供给暂不具备主板募资条件或来不及等待 A 股市场排

队的企业一个资金运作的基本舞台，最重要的舞台角色是每家挂牌企业。事实是，在新三板挂牌企业中也有做得很好、募资很好的企业。挂牌企业更多地要找"主观不力"的因素，从企业自身资本运营的能力上找问题。

我们认为，新三板挂牌企业的董、监、高对市值管理的理念和方法、工具"不懂"、"不做"、"不重视"，是融资难、估值低、不活跃、变现难的主要原因。他们以为实现挂牌后就可坐等收益，缺乏对本身企业价值的打造、塑造，缺乏对投资者关系的建立、维系，缺乏对市值管理主动出击的能力、人才。

根据我们统计，截至 2015 年 12 月 31 日，在新三板挂牌企业中净利润亏损企业一共有 1007 家，净利润小于或等于 100 万元的企业有 1897 家，亏损 100 万元的企业有 680 家，亏损 500 万元的企业有 214 家，亏损 1000 万元的企业有 88 家，亏损上亿元的企业有 3 家。对新三板大部分挂牌企业而言，关注自身的盈利能力也很重要。

根据进一步统计与分析，80.14% 的企业半年度利润不足 800 万元，本身企业的盈利能力与行业 A 股上市公司相去甚远，每股净资产收益率差距很大，存在主营业务不明、商业模式模糊、运营流程陈旧、优秀人才缺乏的现象。

以董秘为例，上市企业中最重要岗位之一就是董事会秘书，既要懂得产品经营，又要懂得资本经营，还要熟悉政策与行业发展趋势，更需要掌握证券法律、法规和财务等方面的知识（见图 1-1）。

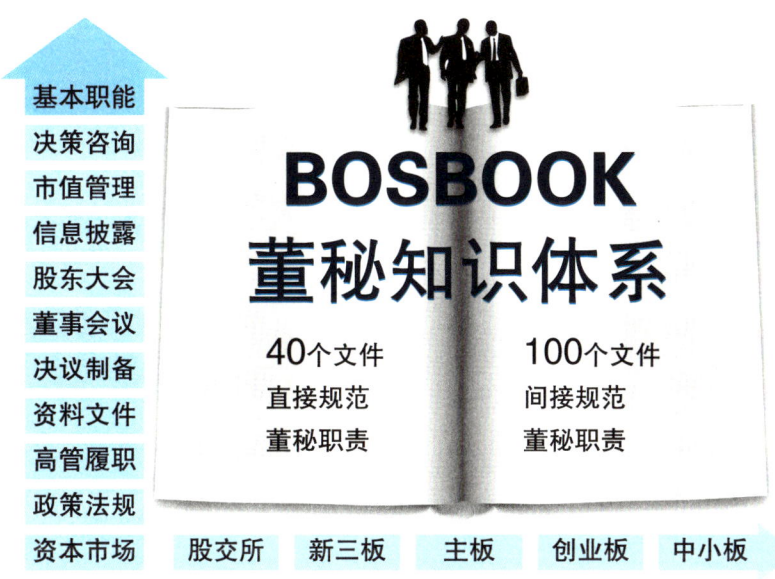

图 1-1　董秘需要具备的知识体系

　　具备以上知识体系又兼具实操经验的好"董秘"在新三板市场上更是"稀缺品"！董秘的定位：在领导面前当专家；在专家面前当领导！新三板挂牌公司董秘至少必须熟练掌握如下知识：

　　熟读以下 5 个文件（打印一份常备于董事长和董事会秘书办公室桌边，经常阅读）：

　　手册 1:《全国股份转让系统概况》　包括全国股转系统的定位、市场特点和功能等内容。

　　手册 2：《公司挂牌业务指南》　包括企业改制、主办券商推荐和挂牌审核等内容。

　　手册 3：《投资交易业务指南》　包括投资者适当性、交易规则与投资操作基础知识、协议转让实务、做市交易实务、交易特别事项及其监管和两网及退市公司交易规则等内容。

　　手册 4：《融资并购业务指南》　包括融资概况、股票发行制度、优先股制度、非上市公众公司收购和重大资产重组实务等内容。

　　手册 5：《公司治理与信息披露指南》　包括公司治理、持续信息披露概述、定期报告披露实务和临时报告披露实务等内容。

　　新三板对于挂牌公司的董秘没有对 A 股上市公司的要求严格，新三板挂牌企业对市值管理缺乏足够的重视，大部分董秘都是企业内部临时调岗，不乏行政、财务、人事、销售岗位转岗的，其知识结构、经验能力不足以支撑企业的长期市值管理的需求，所以，必须加快学习董秘岗位知识体系、熟悉资本运营规则、新三板市值管理规则等。学习完以上的知识体系，化客观局限为主观动力，在董事长的领导下，董秘积极推动，为新三板企业未来的市值增长创造积极、主动的因素。

第三节 "僵尸"遍地，凤凰涅槃

在新三板挂牌，的确帮助了一些企业进一步扩大规模，站在行业的前列，但更多新三板挂牌企业形如"僵尸"，在交易平台上无人问津。如果挂牌企业不积极主动进行市值管理，卖壳、退市、倒闭将会是这些"僵尸"企业的运命归宿。

"卖壳"曾红火过一段时间，铺天盖地的"公开叫卖"，这种现象绝不会长久：新三板挂牌今后的排队时间不会太长、新三板定增市场目前并不理想，借壳后融资没有原来那么有利，股转系统不支持借壳。根据我们的研究与统计，目前新三板借壳的案例中还没有一例是彻底完成重组的。

退市会引起一连串连锁反应，倒闭或退市是企业的必然结局，所以，基于新三板企业而言，挂牌新三板意味着只能进、不能退！"进"最好的归宿是转板、自己 IPO（首次公开募股）；如果不得不"退"，最好的结果是成为 A 股上市公司的并购标的，"壳"的道路难以行通。

当然，看到"僵尸"企业的同时，我们也看到一些新三板挂牌企业中有很多很多优秀的企业。

截至 2015 年 12 月 30 日数据统计[6]，以下为新三板挂牌企业每股收益前十位的企业，每股收益率高的企业会拥有更多与投资人谈判的筹码，如果这些企业通过市值管理的系列操作，将会成为新一批新三板挂牌企业的"黑马"（见表 1-8）。

表 1-8　新三板挂牌企业收益前十名

排名	股票代码	股票名称	门类码	总股本	收益/股	净资产/股	营业利润	净利润
1	834852	正点未来	L	20,000,000	27.27	35.38	18,299,207.09	13,565,967.00
2	834456	德而美	F	26,000,000	26.70	39.34	17,834,295.89	13,349,500.00
3	430354	华敏测控	I	8,220,000	16.94	1.42	618,151.52	1,389,000.63
4	834882	谢馥春	C	16,200,000	15.58	29.11	21,955,973.24	16,357,296.00
5	834805	雷讯网络	I	39,750,000	14.02	19.26	20,971,481.05	20,924,502.00
6	834803	鑫昌龙	C	30,000,000	13.03	10.30	8,108,291.62	6,515,268.50
7	835221	汉米敦	M	1,114,100	12.61	69.33	11,555,789.21	12,609,351.00
8	834542	维欧艾	C	10,000,000	12.51	6.52	19,960,504.99	15,013,134.00
9	835038	广生行	F	20,000,000	12.08	14.91	32,167,109.64	24,158,944.00
10	835205	梵雅文化	L	10,000,000	11.25	4.86	15,030,385.91	11,246,947.00

截至 2015 年 12 月 30 日，如新三板挂牌企业市盈率 TOP10[7] 表所示（见

---

[6]数字统计来自市值管理排行榜半年报数据统计,或会因即时交易变动而导致数据有所差异,仅供参考。
[7]数字统计来自市值管理排行榜半年报数据统计,或会因即时交易变动而导致数据有所差异,仅供参考。

表1-9）：市盈率代表了投资者对该企业未来的信心，如果题材好、运营好，新三板市场上同样给出较高市场价格。

表 1-9　新三板挂牌企业市盈率 TOP10

排名	股票代码	股票名称	城市	门类码	总股本	市盈率	市净率
1	834299	汇量科技	广州市	I	80,141,350	333,371.10	6,414.2
2	430107	郎铭科技	北京市	I	7,600,000	22,075.31	22.90
3	834260	中惠旅	岳阳市	N	60,000,000	9,477.76	12.95
4	834719	鼎阳电力	无锡市	D	100,000,000	7,641.73	9.87
5	834904	银纪资产	上海市	J	48,350,000	6,326.26	107.67
6	834134	中业科技	郑州市	I	20,000,000	4,138.67	142.07
7	833451	璧合科技	北京市	L	56,233,100	4,137.85	119.23
8	831746	弘奥生物	三门峡市	C	30,000,000	3,728.83	5.90
9	430705	天锐科技	广州市	I	167,600,000	3,678.17	18.90
10	831731	硅海电子	襄阳市	C	28,000,000	3,555.60	10.06

以排行第一的汇量科技[8]为例，挂牌1个月余，市盈率达到33万倍，根据其发展历程可以看到交易市场上对它的信心。

[8]来自百度百科关于汇量科技的介绍。

案例

汇量科技发展历程：

2013年3月，汇量科技(Mobvista)开始开展业务,总部位于广州;

2013年10月，海外游戏发行子品牌Vstargame;

2013年12月，Vstargame在越南发行《秦美人》，月流水达600,000美元，成为当地首款S级手游产品;

2014年10月，获得网易领投的1200万美元A轮融资;

2014年11月，入选TUNE发布的全球Top25广告主合作伙伴名单，名列第12;

2015年1月，签约成为Google AdWords Premier SMB Partner;

2015年5月，AppsFlyer全球安卓流量排行榜（游戏类APP）排名第3;

2015年7月，第27个月单月销售额破亿元人民币；获得由上海东方传媒集团和湖南广电集团与海通证券参与设立的文化产业基金领投的两亿元人民币B轮融资;

2015年10月，成为Twitter中国区代理，获Facebook开发者PMD数据权限，成为Google DVIP Partner;

2015年10月，AppsFlyer全球安卓流量综合排行榜（电商、旅行、工具类APP）排名第2;

2015年11月25日，正式挂牌新三板，证券代码"834299"。截至该日收盘，公司市值达50.63亿元。

无论是新三板的已挂、拟挂牌企业、投资人还是机构、做市商，都需要对当下的市场有个清晰的认识，拨云开雾，看清其市场与机会，正确看待这项国家大力支持中、小、微企业的措施，在合规的条件下，首先把企业的重点放置在盈利能力提升和核心团队的打造上，结合市值管理才能更好地发挥企业优势、吸引外部资源加入与支持，更好地开拓自己行业的康庄大道。即便曾是"僵尸"企业，但做好战略定位、商业模式创新、抓好主营业务的收入规划，结合新三板所赋予的融资功能，一样可以"凤凰涅槃"。

新三板交易规则

股票转让方式

股票转让可以采取协议方式、做市方式、竞价方式或其他中国证监会批准的转让方式。经全国股份转让系统公司同意，挂牌股票可以转换转让方式。挂牌股票采取做市转让方式的，须有两家以上做市商为其提供做市报价服务。

买卖股票的申报数量

买卖股票的申报数量应当为 1000 股或其整数倍；卖出股票时，余额不足 1000 股部分，应当一次性申报卖出。

股票转让单笔申报最大数量不得超过 100 万股。

股票价格变动单位

股票转让的计价单位为"每股价格";转让申报价格最小变动单位为 0.01 元人民币。

有效报价区间

开盘集合竞价的申报有效价格区间为前收盘价的上下 20% 以内;连续竞价、收盘集合竞价的申报有效价格区间为最近成交价的上下 20% 以内;当日无成交的,申报有效价格区间为前收盘价的上下 20% 以内。

第二章

心计手授——新解"市值管理"

XIN SAN BAN SHI ZHI GUAN LI

市值管理是基于公司市值信号，综合运用多种科学、合规的价值经营方式和手段，以达到公司价值创造最大化、价值实现最优化的一种战略管理行为。市值是对股东财富和企业价值意义最大的指标，也是企业经营的终极目标，值钱比赚钱更重要。实现市值管理目标的方式和手段在当下越来越多样，其运用也越来越灵活多变，值得各方人士研究、探讨。

第一节　"市值"是终极目标

挂牌新三板，中、小、微企业就拿到了资本运作的"入场券"，新三板同样具有资本市场的基本功能：

定价功能　挂牌前的企业估值，投融资双方很难达成一致。但股转系统的第三方平台，可以形成相对公允的价格，同时，会计师、律师、审计师以及券商出具的具有公信力的专业报告，则更加具有客观性和可信度，便于投融资双方达成一致。

融资功能　挂牌公司可在股转系统通过发行股票（包括"优先股"）、可转债、中小企业私募债等多种金融工具融资，有限公司只能是 50 名，股份有限公司能达到 200 名股东，挂牌后运作超过 200 人以上的股东，原来是非公开市场，现在是公开市场，大大拓宽了中、小、微企业的融资渠道，改善了融资环境。挂了新三板就等于获得了"印钞机"，企业可以通过持续、多次定增，不断实现融资。

资源整合功能　有了定价功能、融资功能，挂牌企业就可通过收购、兼并、重组等一系列资本运作手段，整合上下游产业链，兼并同业扩大市场占有率，获得新技术、新应用、新渠道，并进而整合优秀人才及团队等。

通常认为股东价值以三种形态来体现：资产值、利润和市值，但最核心的其实还是市值。福布斯排行榜的富豪们最终都以股东权益对应的市值作为评判标准。对于企业而言，一家企业的价值并不在于净资产，不是净资产高，股东的财富价值就大；也不是利润高，带来的财富价值就大。

如下述数据，相近净资产的企业市值差距 10 倍，没有盈利的企业同样具有高价值：

> 根据截止到 2015 年 11 月 25 日的公开数据：
>
> 腾讯净资产 1082 亿港元，目前总市值 14666.32 亿港元（已公开的 2015 年第三季度报）；
>
> 华润置地的净资产为 1133 亿元，市值为 1497.08 亿港元（根据公开的第二季度财报）；
>
> 美国 Amazon（亚马逊），其上市 10 年都亏损，最近 5 年的公开财报利润情况虽略有好转——2014 年年报亏损 24.1 亿美元——但股价活跃，目前市值 3146.08 亿美元。
>
> 自 1997 年 5 月以 18 美元价格上市以来，亚马逊在 1994～2003 年累计亏损 29.746 亿美元，尤其是在 1999～2000 年的亏损率更是达到了 43.91%～51.1%。然而，就是在 2000 年互联网泡沫破灭，没有几个人看好其模式的情况之下，其股价在一度跌至 10 美元后奇迹般地"咸鱼翻身"，一路稳健上涨至 238.03 美元。

对于挂牌公司和上市公司而言，市值才是对股东财富和企业价值意义最大的指标，也是企业经营的终极目标。值钱比赚钱更重要，因为股权和股票都是可以变现的"真金白银"。

练习：看看你对市值管理的理解到了哪个程度？

1．下述关于市值的表述，哪项是正确的？

A. 市值＝公司净资产的总值

B. 市值＝公司总资产的评估值

C. 市值＝净利润 × 市盈率

D. 市值＝股票价格 × 市盈率

2．下述新三板交易方式表述，哪项是错误的？

A. 协议转让

B. 做市交易

C. 竞价交易

D. T+1

3．下述哪个表述不是新三板合格投资者？

A. 500 万元注册资本投资公司

B. 500 万元实缴资本合伙企业

C. 股东及董、监、高人员

D. A 股开户的机构投资者

4．下列哪项不是挂牌上市公司市值管理的最关键四个变量？

A. 股票价格

B. 股份数额

C. 净利润

D. 股票指数

5. 下述哪项关于决定市值高低的表述是错误的?

A. 股价高低

B. 市盈率高低

C. 净利润高低

D. 每股净资产高低

6. 在协议转让方式下,决定市值高低的因素中,下述哪项是错误的?

A. 买家报价

B. 卖家报价

C. 电子系统撮合

D. 最近一笔交易价格

7. 下述哪种表述不是做市交易成交价格的决定因素?

A. 做市商报价

B. 投资者报价

C. 电子系统撮合

D. 最近一笔交易价格

8. 决定挂牌公司市盈率高低的关键因素是下述哪项表述?

A. 每股收益

B. 每股净资产

C. 股票价格

D. 股份总额

9. 如下哪项创新层分层标准 1 中的描述是错误的?

A. 连续两年盈利

B. 净利润平均不低于 2000 万元

C. 净资产收益率不低于 10%

D. 最近报告期营业收入不低于 4000 万元

10. 如下哪项创新层分层标准 1 中的描述是错误的?

A. 股本不少于 2000 万元

B. 最近两年营收不低于 4000 万元

C. 最近两年复合增长率不低于 50%

D. 最近 3 个月平均股东人数不少于 200 人

11. 关于创新层分层标准"共同标准"中实际成交天数的表述,下述哪项是错误的?

A. 近 3 个月实际成交不少于 50%

B. 近 3 个月实际成交不少于 60 天

C. 近 3 个月实际成交不少于 60 工作日

D. 近 3 个月实际成交不少于 45 个工作日

12．创新层分层中标准 3 最近 3 个月市值不低于多少？

A. 3 亿元

B. 6 亿元

C. 3.6 亿元

D. 两亿元

13．创新层维持标准 1 中除下述哪项外，其他标准与准入条件一致？

A. 连续两年盈利

B. 净利润平均不低于 2000 万元

C. 净资产收益率不低于 6%

D. 净资产收益率不低于 10%

14．创新层维持标准 2 中除下述哪项外，其他标准与准入条件一致？

A. 股份总额不少于 2000 万元

B. 最近两年营收不低于 4000 万元

C. 最近两年复合增长率不低于 30%

D. 最近两年复合增长率不低于 50%

15．创新层维持标准 3 中除下面哪项外，其他标准与准入条件一致？

A. 最近一年末股东权益不少于 5000 万元

B.做市商不少于 6 家

C.最近 3 个月日均市值不低于 3.6 亿元

D.最近 3 月日均市值不低于 6 亿元

16.12 个月内若出现以下哪种情形将被调整到基础层？

A.控股股东实际控股人涉嫌刑事案件

B.董、监、高 3 次以上自律监管措施

C.董、监、高受到中证监行政处罚

D.董、监、高受到其他部门罚款以上处罚

正确答案请到锦狮微信公众号（微信号：jinshi 51）上查询。

以上问题都是董事长、董秘应该时刻关注的，有关政策、法规调整变化，相关交易规则的变动与更新都会对董事长及相关人决策市值管理有所影响。

"三 A 风云"

新三板出现后，中国证券市场由上至下可分为主板、中小板、创业板和新三板、区域性股权交易市场。这里要讲的主题是新三板与 A 股的区别。

了解新三板与 A 股的区别，对做好新三板市值管理至关重要，表 2-1为新三板与 A 股市值管理对照简表[9]：

---

[9] 更多详情请参考附录 1 主板、中小板、创业板和新三板的区别。

表 2-1　新三板与 A 股市值管理对照简表

主题	标准	新三板	A 股		
			主板	中小板	创业板
挂牌条件	主体资格	股票非公开发行 / 境内股东累计不超过 200 人	公开发行股票的股份公司	同主板	同主板
	股东人数	可以超过 200 人 / 未超过 200 人可有条件豁免核准	不少于 200 人	同主板	同主板
	存续时间	存续满两年	存续满 3 年	同主板	同主板
	盈利指标	具有持续盈利能力	近 3 年会计年净利润为正，累计超 3000 万元净利，以扣除非经常性损失前后较低者为计算依据	同主板	近两年连续盈利，净利润累计不少于 1000 万元或近 1 年营收不少于 5000 万元，近两年营收增长率不低于 30%
	现金流要求	无	近 3 会计年现金流累计超 5000 万元或近 3 年会计年营收超 3 亿元	同主板	无
	净资产要求	无	最近 1 期末无形资产占净资产比例不高于 20%	同主板	最近 1 年期末净资产不少于 2000 万元且不存在未弥补亏损
	股本总额要求	无	不少于 5000 万元	同主板	不少于 3000 万元
	券商督导要求	主办券商推荐并持续督导	上市当年余期及其后 2 会计年	同主板	上市当年余期及其后 3 会计年

主题	标准	新三板	A股		
			主板	中小板	创业板
投资者准入条件	投资主体资格	机构投资者（证券/保险公司）证投基金/PE/VC合格境外投资者、企业年金等法人机构注册资本500万元以上，合伙企业实缴资本500万元以上；自然人须有两年以上证券投资经验，名下金融资产须达300万元以上	法人、基金、自然人	同主板	同主板
交易制度	交易方式	协议、做市、竞价交易或其他	竞价交易大宗采购协议和盘后定价	同主板	同主板
	交易时间	周一至周五上午9：30～11：30；下午13：00～15：00	同新三板		
	控股股东及实际控股人交易限制	挂牌前持股票分3批解禁，每期为其所持股票1/3，解禁时间为挂牌日/挂牌满1年和2年，券商做市库存初始股票不受此限制	公开发行前已发行股票，自上市日起1年内不得转让控股，股东和实际控股人承诺自发行人股票上市36个月内不转让	同主板	同主板
	涨跌幅限制	不设涨跌幅限制	涨跌幅限制10%，但ST和*ST为涨跌幅则限制为5%	同主板	同主板
	申报数据限制	1000股或其整数倍	竞价方式买入为100股或整数倍	同主板	同主板

续表

主题	标准	新三板	A 股		
			主板	中小板	创业板
市值管理	交易方式	协议和做市交易（目前）	连续竞价交易	同主板	同主板
	做市商制度	创新层要求 6 家或以上做市商	无做市商制度	同主板	同主板
	定增	可以储架发行	定增须核批	同主板	同主板
	市值管理工具	增减持送红股，股权激励并购均无特别限制	按相关法规规定执行	同主板	同主板
	信息披露	触发条件 2 个交易日内披露	按相关法规规定执行	同主板	同主板

如表 2-1 所示，其中四个方面对 A 股与新三板市值管理至关重要：

1. 从经营年限和财务指标上分析

从续存期、财务指标和盈利指标上可看出，大部分新三板挂牌企业因为门槛低，经营管理并不成熟，在市值管理中必须加强经营管理的部分，从企业的定位、发展战略、商业模式、盈利能力、运营流程等方面进行系列改造和提升。据我们对大部分新三板挂牌企业公告的研究发现，很多挂牌公司连产品和服务的发展路径和方向都没有明确规划，产品和服务经营的能力尚未成熟，处在初始阶段，总是去谈资本经营是对股东和投资人不负责任的。

2. 从总股本上分析

新三板挂牌对股本金没有明确的限制，在已挂牌的新三板企业中，股本小于或等于 150 万股的有 6 家，小于或等于 200 万股的有 10 家，小于或等于 1000 万股的企业有 812 家，小于或等于 2000 万股的企业有 1892 家。也就是说，在新三板挂牌企业中有近三分之一的公司股本小于 2000 万元，而创新层分层标准 2 明确要求总股本不少于 2000 万元。因此，股本扩张策略是挂牌公司市值管理的重要指标之一。怎样合理确定分次定增的规模，合理设计股权比例和股东结构？通俗地讲，“出货量”和“价格”怎样确定很有讲究。而 A 股最低股本 3000 万股，按照 20% 计算增发额度也有 600 万股，以 A 股平均市盈率计算，融资额基本可过亿元。

3. 从关联交易上分析

对于关联交易，新三板的提法是“无限制”，创业板是不得“显失公允”，主板是不得“有失公允，不得操纵利润”。相对而言，新三板挂牌企业只以是否信息披露为最主要标准受到更少限制。当然，一切操作必须按照合法合规方式进行。

4. 从募资用途分析

新三板的提法是“无要求”，创业板“明确其只能用于主营业务”，主板、中小板“明确使用方向，原则上用于主营业务”，所以，新三板挂牌企业在募资后的用途可相对灵活，例如可成立全资控股的投资公司，用于一些“双创”企业的并购，增加题材，提高市盈率。

综上所述，新三板市值管理因为新三板企业挂牌要求低、规范要求低，还有很长的路要走，必须首先完善公司治理再做资本运营。

　　最新出台的分层制度征询稿，如表 2-2 所示，除了关于净利润、股东人数、市值总额等要求外，特别提到做市商家数、交易天数，所以，对于欲进入创新层的企业来说，市值管理应该提前做很多这方面的工作。

表 2-2　市值管理分层制度征询稿

指标分层	标准一、净利润＋净资产收益率＋股东人数	标准二、营业收入复合增长率＋营业收入＋股本	标准三、市值＋股东权益＋做市商家数	共同标准
净利润额	最近两年连续盈利且平均净利润不少于2000万元			公司治理：（1）符合挂牌公司章程指引规定（2）制定完善管理制度；（3）设专职董事会秘书 无违规记录。最近12个月无以下情况：（1）控股股东董、监、高受到纪律处理或受到证监会行政处罚或其他部门罚款以上处罚或受到刑事处罚或公司丧失经营资质；（2）控股股东董、监、高因信披违规、公司治理违规等行为被采取约见谈话、提交书面承诺、出具警示函、责令改正、限制交易等3次以上；（3）控股股东实际控股人存在重大未决诉讼，正在接受重大违法违规立案调查或其他未决事项的；满足以下条件：最近3个月内实际成交天数不低于50%——包括挂牌同时完成过融资
净资产收益率	最近两年平均净资产收益率不低于10%			
股东人数	最近3个月日均股东人数不少于300人			
营收增长		最近两年营业收入复合增长率不低于50%		
营业收入		最近两年平均营业收入不低于4000万元		
股本总额		股本不少于2000万元		
市值总额			最近3个月日均市值不少于6亿元	
股东权益			最近一年末股东权益不少于5000万元	
做市商数			做市商家数不少于6家	

根据 2015 年中期财报数据统计，目前有约 700 家[10]企业符合创新层标准，更多企业还需根据该标准来制定创新层准入的经营目标（见表 2-3）。

表 2-3　符合标准企业统计数量表

指标分层	符合标准 1	符合标准 2	符合标准 3	合计	比例
符合标准	68	658	85	811	1.53%
同时符合				16	0.36%
重复计算				111	2.49%
符合标准				700	15.71%

新三板挂牌企业与 A 股上市公司在市值管理上有很多差别，需要挂牌企业认证研读相关规定，拟定适合自己企业的市值管理策略。

"四好公司"

除了根据 A 股、创新层的标准来进行市值管理策略制定外，我们还需根据投资者对"好公司"的判断标准来进行市值管理战术的规划，这样才能在各个阶段获得很好的融资，并且把企业做大做强。

我们据此总结得出，投资者眼里的"好公司"（好项目）具有"好题

[10] 该数据参考 2013 年及 2014 年年报，以三个标准对应的具体指标，对截至 2015 年 11 月 24 日发表分层征集意见时，对已挂牌公司总数 4291 家新三板公司进行筛选。

材"、"好企业"、"好运营"、"好环境"的特质。

1. 好题材

首先是"好题材"，包含趋势好、行业好、空间大。

趋势好　是指国家政策的方向、市场未来的方向。我们曾经有个形象的比喻，当第一台拖拉机开到田头时，牛"下岗"是迟早的事，"拖拉机"代表朝阳产业，是未来的趋势，是不断扩大的增量市场；"牛"代表夕阳产业，即将被社会淘汰，是一个不断缩小的市场。投资人的属性是赚未来的钱，所以，只会倾向前者。

行业好　是指所属的行业门类是否有高附加值。例如制造业和移动互联网之间相比，移动互联网的想象空间更大，所获得的市盈率倍数更高；传统产业结合互联网（互联网+）、大数据也比单一的传统产业要获得更高的估值。即使是同一门类，不同细分市场也有很大差别，传统制造业、先进制造业、工业4.0的估值差距也很大。

空间大　是指企业的成长空间，不同的行业、区域、客户群体成长空间不同。例如做国内市场、全球市场的空间不同，两个应用材料企业所面对的一个是20亿元的潜在市场，一个是200亿元的潜在市场，投资人更关注后者。即使在同一公司，不同的战略定位也有不同估值。美国投资人协会曾经发布过一个公允估值参考，应用型公司价值10亿元，平台型公司价值100亿元，生态型公司价值1000亿元。当然，企业也必须量体裁衣，对自己的能力、资源、团队做出合理评估后再呈现给投资人。

2. 好企业

"好企业"的寓意就是企业的本质要好，就是产品好、模式好、团队好。

产品好　所谓"好产品"必须能够满足客户的核心需求，最好是基于移动互联网时代的"爆品"，既满足当下需求，又为产品迭代做好基础。"好产品"持续创造客户需求的同时，还会给投资人带来无限想象空间。

模式好　好的商业模式是投资人判断一家公司是否值得投资的重要标准。好的商业模式有两种：一种是以用户为核心的利润模式；一种是利益相关者的交易结构。设计精妙的商业模式会颠覆行业。

团队好　好的团队是结构性的，CEO、CFO、CIO、COO、CTO……每一个人背后代表着一种能力和资源体，当这些能力和资源组合后可能创造一个顶级公司。"梦幻组合"能对企业的市值管理产生"如虎添翼"的作用。

3. 好运营

"好运营"代表了"赚钱机器"运转效率。评判的标准是轻资产、高效率、自运营。

轻资产　轻资产的公司相对而言每股收益率高，资产流动性强，面对巨大市场环境变动时企业的风险低，投资人较有保障。

高效率　是指企业运营时流程清晰、分工明确、激励得当、信息流通畅、资金流安全、人才流有序、物流高效。

自运营　是指企业信息化建设，例如客户管理系统、财务管理系统、办公系统、流程运营系统……企业可结合各种自动化、移动互联网的软件，帮助企业自运营。

4. 好环境

"好环境"分为内部环境和外部环境，必须"抓天时、合地利、促人和"。

抓天时　就是顺势而为。挂牌企业要时时抓住国家战略、产业政策和社会当下热点，和国家政策高度保持一致，寻找可与企业结合的有利因素，积极争取各种扶持，主动赢得产业基金的投资，并结合有利于企业的当下热点做好公告。

合地利　就是建立区位优势，充分利用本地特色、优势来为企业服务。新三板挂牌企业先行先试国家的金融体制改革，地方政府会提供很多不同的支持，频繁接触各个部门会增加企业正面的影响力，力争获得一些优先的机会。

促人和　就是内部关系和外部关系。对内做好员工文化、股权激励，对外做好客户关系、投资者关系的管理，积极参与公益活动，树立良好的正面形象，为更多潜在投资人建立信心。

"四好公司"既是市值管理的需求，也是企业经营的目标。作为一家挂牌公司必须是有盈利能力的公司，必须是一家有社会责任感的公司，这样才能获得投资人青睐，才能在媒体关系管理中获得更多的支持。

第二节　"市值"的解决方案

目前国内大多数市值管理方案，归根到底都是围绕着公司短期内的股价做文章，缺少对挂牌公司市值持续成长的、中长期的管理策略和规划。国内市值管理还存在缺乏市值管理理念、市值管理战略、市值管理组织体系、市值管理团队等现实问题。

市值管理是基于公司市值信号，综合运用多种科学的、合规的价值经营方式和手段，以达到公司价值创造最大化、价值实现最优化的一种战略管理行为。

市值管理是推动公司实体经营与资本运营良性互动的重要手段。市值管理的核心是价值管理，是价值创造与股东价值实现。目标是追求可持续的上市公司市值最大化。其本质是一种长效战略管理机制。

政策效应最优化是市值管理的前提，价值创造是市值管理的基础，价值经营是市值管理的手段，价值实现是市值管理的目标，风险可控且最低化是市值管理的保障。

市值就是挂牌公司、上市公司的"市价"、"身价"，是公司股东的"市价"、"身价"，反映了挂牌公司、上市公司的实时市场价值。

要做到企业价值最大化，必须关注挂牌公司市值管理的"四大变量"，建立和完善"市值管理报告"制度，建立"市值管理"常态化机制，构建市值管理的"组织架构"，做到"知己知彼"，不断提升和改进挂牌公司市值持续成长的空间。

四大变量

虽说"市值管理就是管理公司的一切"，但企业需要把和市值相关的所有重要因素都进行有效地管理。第一，在主营业务上下功夫，保证主营业务持续盈利、利润持续增长；第二，在其他业务收入上增加开源；第三，找到好的标的公司收购，实现竞争优势进一步增强。第一次定增为第二次定增打基础，第二次定增是为第三次打基础的，以此类推，环环相扣。但真正在做市值管理规划与设计时，往往会觉得无从下手。

任何总量的提升，只需提升其关键影响变量即可。

市值的两大公式：

市值 ＝ 股份 × 股价

市值 ＝ 净利润 × 市盈率

如上述公式所示，影响"市值"关键的"四大"变量分别是股份、股价、净利润、市盈率。所有企业管理的目标、出发点就是为了让这四个指标最优化或最大化。

1. 关键变量——股份

股份是挂牌公司章程确定的，代表股东所有权的股本总额，这是公司股东权益构成的最重要部分之一，包括普通股和优先股。股份随着送股、配股和增发而变化（增加）；在股价相对不变的情形下，市值高低取决于股份总额大小（见图 2-1）。

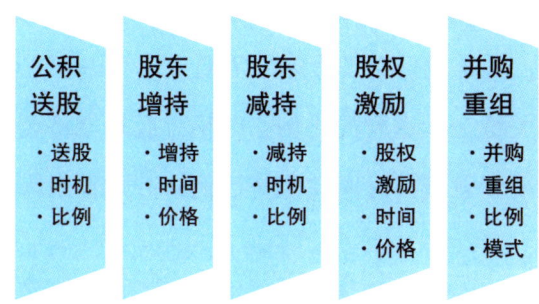

图 2-1　股份变化因素

（1）挂牌公司利用利润或公积金送（转）股是股本扩张的重要手段，但须与挂牌公司的业绩增长同步统筹考虑和设计。股份增加了，业绩若不能同步增加，每股收益减少了，进而会影响股价，从而直接影响挂牌公司的市值大小。

（2）股本过小会造成流动性不足。从新三板做市商制度来说，假设股本是"货"，券商是股份最大的批发商，一般投资机构是股份的小批发，个人投资人类似个人终端用户。一般挂牌企业往往会受制于券商，券商类似全国总代，大量股份的购置会让企业在定价权上丧失主动，所以，"代理权"不能给一家企业，要给多家企业（做市商）。

（3）股份管理的方式和手段，如送红股、配股、增发、减持、管理层股权激励以及并购等，须统筹规划和设计。增发股份的目的是融资，要充分利用股市周期特点，在股本有序扩张的背景下，以合适的增发额度获得较低成本的、更多的融资；充分利用股市周期特点，在符合法规规定的前提下，在合适的"时机"和"点位"增持和减持，以维护挂牌公司的合理市值；管理层的股权激励方案与业绩增长挂钩，其行权持续的业绩增长和股价统筹设计，均是股份管理策略中需要重点考虑的方面。

公积送股的关键在于送股的比例、时机；股东增持要关注增持时间与价格；股东减持要注意减持时间与坚持比例；并购重组需要关注时机与模式。

2. 关键变量——股价

市值管理等于股价管理吗？

从公式看，市值＝股份 × 股价。股本相对不变（挂牌公司股本总额在一定期时期内是相对稳定和不变的）时，股价高低直接影响市值大小。所以，从这个意义上讲，股价管理和维护是市值管理的重要环节，但股价管理与股价操纵完全不可同日而语。市值管理是挂牌公司的长期的常态化的战略管理行为，而非短期的推高股价的工具和手段。

（1）做好公司"基本面"，通过构建使公司市值持续成长的模式、系统和团队，从而使公司稳定持续地盈利，是"维护股价"的最基本和最重要的方法。

（2）股价受企业利润水平、利润增幅、市场周期、投资者关系、媒体信息披露以及股市周期和外部环境的影响（见图2-2）。据我们研究，新三板真正交易最活跃的股票价格是在曲线的两头，7元以下较活跃，最活跃是3元以下，因为新三板创新领域、新行业较多，或存在罕见黑马，会降低交易风险，所以，投资人会倾向购买便宜的。而28元以上的股票非常活跃，换手率也很高，这是真价值。中间数值的换手率极低，几乎没有，如果股份不够，很容易让股价在中间部分，难以获得投资人的青睐。

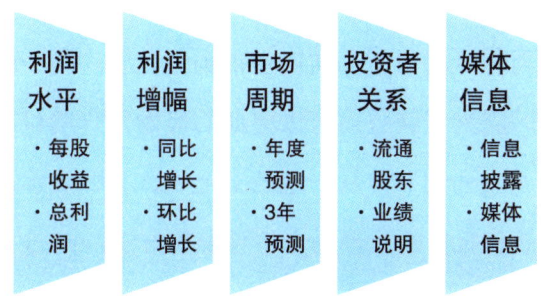

图2-2　股价变化因素

（3）股价是挂牌公司内部价值在市场上的外在反映，股价高低是影响市值大小的重要因素，但市值管理不等于"维护股价"。证监会明确指出了六类市场操纵行为：迎合市场炒作热点，编题材讲故事；制造、利用信息优势，多个主体或机构联合操纵股价；以市值管理名义内外联手操纵股价；公、私募等不同资管产品通过价格操纵，输送不当利益；利用"天价"标杆股影响市场估值，联合操纵多只或一类股票；市场操纵与内幕交易等其他违法违规行为并行交织。

3. 关键变量——净利润

净利润管理是市值管理最重要的视角之一，因为净利润是公司内生因素，是挂牌公司可以自我管理和控制的因素；而市盈率由于不同行业和周期不同，差距极大。我们从公式看，市值＝净利润×市盈率，在既定的市盈率水平下，净利润越高，市值就越大。紧盯公司核心业务并适时运用并购手段，持续提高挂牌公司长期稳定的净利润水平，是挂牌公司中长期市值管理战略设计的重要环节。

（1）净利润管理的两大核心战略：稳定持续提高核心业务盈利水平和并购重组。高利润＝高市值；从资本市场角度看，换个角度同样成立：高市值＝高利润。因为挂牌公司可以更低的成本发行股份融资进行并购，就是市场所说的"买利润"。从一定意义上说，并购重组是市值管理中净利润管理最为有效和直接的、最为立竿见影的方法。

（2）基于净利润水平持续提高和净利润最大化，持续创新公司的商业模式；持续完善和提升公司的运营系统"自运营"；打造可以熟练掌握运营系统、实现创新商业模式的"核心团队"，进而全面提升公司治理水平，是净利润管理的基础"课题"和基本"策略"。

（3）影响挂牌公司净利润的因素有主营业务收入、主营利润、并购重组、营业收入增长、三项费用等（见图2-3）。与市值管理相关的指标是主营利润同比增长、稳定的增长预期；并购重组规划以及利润规划；三项费用结构以及提质增效计划。特别要强调的是，很多时候，挂牌公司三项费用的比例和结构与同行业或细分行业同类挂牌公司存在很大的差异，进而导致市盈率差别巨大，若干三项费用占销售收入比例明显高于同行业水平，则内部管理需要发送提质增效的空间很大；另外，未分配利润和资本公积的管理对很多挂牌公司来说还是新课题。

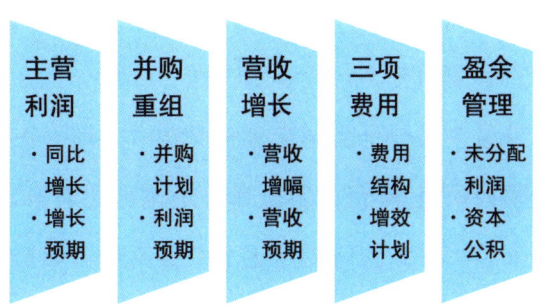

图 2-3　净利润变化因素

4. 关键变量——市盈率

从公式看，市值＝净利润 × 市盈率。市盈率，通常大家谈论最多的是"PE"（但此 PE 非彼"PE"）的数值，即每股收益与股价之比。挂牌公司即使每季度公布一次财报数据，每股收益在一定时间内（如 3 个月内）是不变的，股价也每天都在变化，因此，市盈率每天不同。

（1）公司当期的盈利状况与股价的比即为静态市盈率；若以一定时期内业绩预测即利润作为计算市盈率的基础，如 1 季度时按照半年度预测的业绩为标准计算市盈率，则为动态市盈率。企业处在不同的发展阶段，从事不同的行业，商业模式及盈利模式不同，各行业即使是在同一细分行业，各挂牌公司市盈率也有很大不同。

（2）挂牌公司规划和追求"绿色市盈率"，即一定时期内的"合理市盈率", 是市盈率管理最为重要的课题。市盈率不是越高越好, 当然, 也不是越低越好。我们通过"新三板市值排行榜"数据分析和应用系统, 将标的企业的市盈率与细分行业标杆企业比较, 参考"细分行业平均市盈率", 可以为标的企业提供"绿色市盈率"规划方案(如根据挂牌公司在管理型分类中第三和第四分类, 可看到在同一个细分行业的挂牌公司数量及相关数据)。市盈率是一个公司未来利润在"当期"在资本市场的"折现率"。作为挂牌公司有 50 倍的市盈率, 是说可把未来 50 年才能挣到的钱拿到"今天"来用(拿到的前提是这个市盈率融资和抵押拿到实实在在的现金)。这需要一个挂牌公司要有多么好的信用、多么好的商业模式和多么好的战略及团队才可能实现呢? 在增发、并购、增持减持及回购操作时, 选择和确定合理的市盈率对于顺利实施方案意义重大。在上述所有环节中, 以"市值管理"的战略思维进行规划和统筹, 将是对挂牌公司管理层战略智慧的考验。

(3) 我们重点说说"增发"与市盈率管理(市值管理)。增发, 有公开增发和定向增发。新三板的"储架发行制度"(即一次核批, 一年内根据公司融资和发展需要可多次增发)、优先股制度都为挂牌公司通过"增发", 特别是"定向增发", 以协议定价而非公开竞价进行更加市场化的"并购", 提供了非常方便和低成本的工具和手段。挂牌公司可以通过定向增发方式吸收战略投资者, 可以通过定向增发方式购买(整合)上下游产业链上高价值的项目和公司, 其资本市场的资源配置功能可以充分发挥出来; 若能与新三板的做市商制度有效配合, 挖掘做市商背后的资产、项目和资金资源, 则对于构架挂牌公司持续高成长、高盈利和市值持续高成长均意义非凡（见图2-4）。

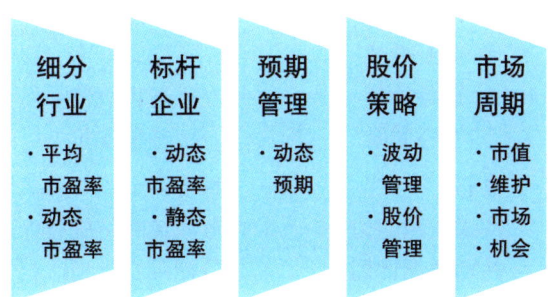

图2-4　市盈率变化因素

　　挂牌企业的董事长、董秘需要与企业前十大的股东、投资的机构、个人投资者定期互动，例如把流通股前十大股东纳入整个市值管理的常态沟通机制，定期或不定期与之互动，让他们对公司持续成长和持续盈利有稳定的预期，让常态工作机制贯穿整个市值管理全过程，以应对未知或忽然而至的企业、品牌或高管的公关危机，持续增强投资者的信心。

　　市值管理需要企业关注产业和资本两个市场（见图2-5）。产业市场需要企业家关注产业的整体规划，在企业的核心能力、商业模式创新上，重视企业科学的盈利的财务模型建立、核心团队的组建，重点在于围绕持续创利的能力，根据企业产业规划目标，适当进行并购、重组。这是当下企业家相对较为了解、重视并在进行的管理行为与关注重点，或因为时机、规模、发展等暂未发展到并购、重组。

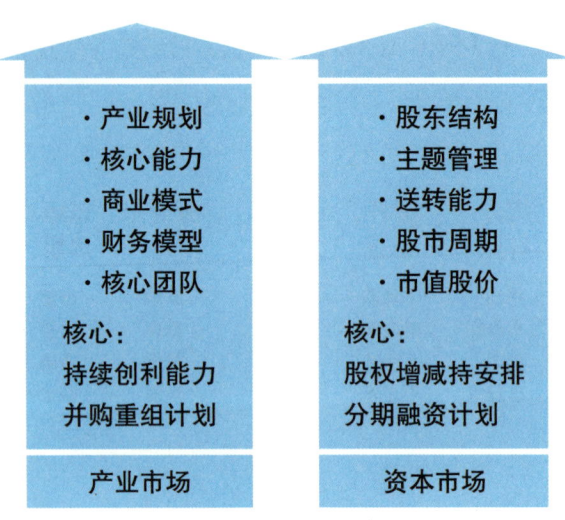

图 2-5　产业市场与资本市场

对于资本市场而言，企业家要注意股东结构设计、主题管理、送转能力、股市周期等，其核心是要做好股权增减持安排、做好分期融资计划。

股东结构　即使是同一个产业、做同样的业务的两家公司，如果它们的股东结构不一样的话，那么市盈率完全有可能不一样，最典型的就是巴菲特效应。

主题管理　就是企业所走的"概念方向"，目前的主体方向是"移动医疗"、"互联网+"、"先进制造业"、"工业4.0"等不同的主题，包括业务、战略风格、所处板块等，会带来不同的市值效应。在A股市场上，每个上市公司具有3～6个主题属性。因为资本市场的资金流向总是被一个个概念所牵引，每一次投机行情都始于某个概念的兴起或某个概念的轮

动，所以，企业市值管理要根据投资者的预期来进行主题的转换。轮到相关主题时，短期个股涨幅集中全年涨幅的 70% 以上，这对于新三板挂牌企业同样是一个参考。

送转能力　是指送股能力。同样的净利润、每股收益，高送转概念股市盈率就高很多。每一家公司有两个非常重要的指标："未分配利润"、"资本公积金"。这两个指标在财务管理策略上非常有讲究，在资本市场的交易估值方面同样很重要。一个公司的送转能力就通过这两个指标进行评估。

下面以我们提供解决方案的一家企业为真实案例来解释：

> **案例**
>
> 　　一家企业股本金只有 1000 万元，挂牌前以估值 5 亿元完成一轮增发，形成了 2500 万元的资本公积。从理论上来说，1 股等于 2.5 股，因为有持续 10 送 10、10 送 5 的能力；从新三板要做到转板 IPO 前，通过连续送红股操作，让股本增加到 2500 万元，加上公开发行的 25% 股份，就可以达到创业板 3000 万股本金的要求。
>
> 　　基于公司核心业务未来 3～5 年持续高速增长、预测销售收入和利润连续 3 年翻番的计划，具备相对高估值连续融资的能力，若由于高估值增资形成巨量的资本公积进而支持连续送红股的操作，则公司的市值会持续提高。

判断一个公司送红股的指标有两个，即每股公积金数量、每股未分配利润数量。公积金可以直接送红股，若具备持续 10 送 10 的能力，就能吸引更多投资者。而有高估值又说明投资者支持，股东就会更加踊跃地去购买定增的股份，从而形成更多公积金的积累，以至正向循环、相互影响、支持市值持续成长。

股权激励是一个较为长期的主动市值管理工具，股权激励与并购重组组合对持续提升市值非常有利。而送红股是短期内非常有效的方法，利于一年内市值增长。

股市周期　即资本市场的周期，有结构性的熊市，在熊市里也有结构性的牛市。在整个股市发展过程当中，有大周期和小周期存在，每个周期里面又有不同的主题。这是影响市盈率较大的因素。

综合美林投资时钟和 Martin J.Pring 的研究，按照美国经验，经济复苏阶段，传统的行业轮动次序是："金融与可选消费—工业制成品—工业中间品—能源与大宗商品"（见图2-6）。经济陷入衰退，政府实行宽松的货币政策，下调利率，释放流动性，信贷规模扩张使金融股受益，同时信贷放松，支持消费，下游需求的复苏带动中游工业品，并最终向能源、大宗商品传导。在经济复苏时，大多数情况下，小盘股以及价值型股票的反弹最大，收益率最好。所以，企业也可关注当下经济所处的阶段，来对企业未来的发展趋势判断做出必要的转型或行业调整。

资本市场总是呈周期性波动，表现出显著的主题和热点兴衰，要有这样的心态——"不可以左右，但可以利用；应该利用，必须利用；波动幅度越大，利用价值越高，利用难度越大"，努力把经济周期、股市周期、产业周期与公司盈利周期四重叠合。

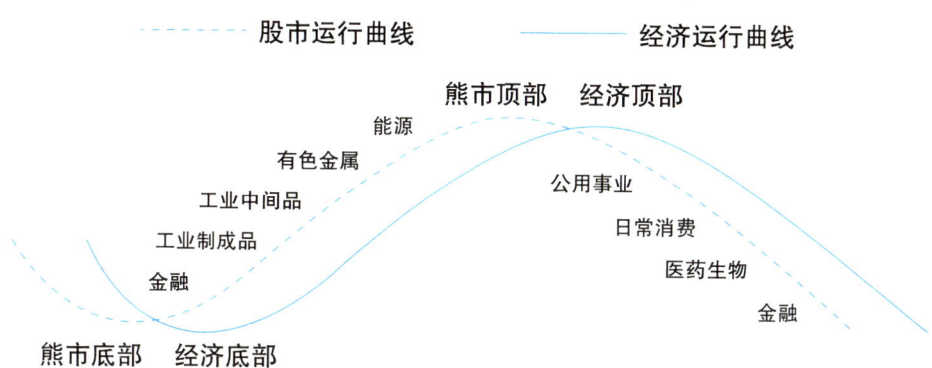

图 2-6 经济复苏阶段行业轮动次序

我们做过调研，在 2015 年前的 4 年中，全国 A 股挂牌企业里，有六百多家实施过股权激励计划。所有实施股权激励计划的公司在 A 股熊市中平均股价上升 42.5%，因为股权激励的核心是在接受股权激励的管理层中约定价格，超过价格或实行一定业绩绩效条件才能行权，所以，管理层和董、监、高会拼命把业绩做好，这是应对股市周期的很好的杀手锏。

投资者通常都会对上市公司大股东增减持非常敏感。对于上市公司的控制人来说，选择对其有利的减持时点是一个自然选择。当市场观察到上市公司的大股东或利益相关方进行减持时，一般可以判断此时的股价偏高，当市场给予公司股票的估值太高，大股东往往会减持。但是，市场可能会对公司对外描绘展现的美好蓝图、良好前景寄予进一步希望。通常高管的集体市价增持是公司价值被低估的强烈信号。当然，也会存在精明投资人刻意增减持从中套利的现象，但基本上普遍会认同前者增持则具有继续增长空间、减持则意味估值过高。

关键要看上市公司大股东减持的目的、在减持过程中所传递的信号以及其市值管理行为是否合法合规。一般来讲，市值越小、股价越低，市盈率越高。大股东增持代表非常大的信心，通常是非常典型的市场信号；反之，减持会给市场带来不稳或不确定的信心。企业要做好减持安排，很重要的做法就是内部约定，例如当机构、高管的股份不受交易限制时，内部达成统一的约定，在一定价格范围内，前5或10大股东不会增、减持。

市值管理需要建立一套机制，包括内部机制与外部机制。

企业内部成长机制就是为了让利润得到持续增长的一种机制，这是一个阶梯。对于新三板的挂牌企业而言，首先保证收入持续增长，接着保证利润持续增长，让股东权益得到增长，继而推动股价上升、市值持续上升（见图2-7）。

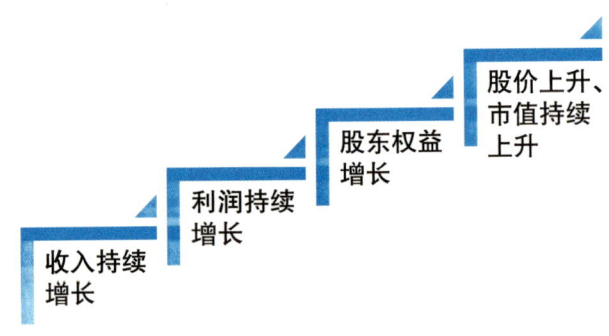

图 2-7　市值成长内部机制（利润持续增长）

新三板挂牌企业多处于企业发展的成长期，具备一定经营基础和快速成长的公司将获得市场的青睐。企业估值水平的高低很大程度上取决于其成长性，尤其对进入成长期的中小企业而言，更是如此。因此，挂牌企业进行业务规模和盈利快速增长将是最核心的命题。

另一种让企业市值得到成长的内部机制是通过并购重组，合并报表后让权益增长，实现股价上升、市值持续上升（见图2-8）。

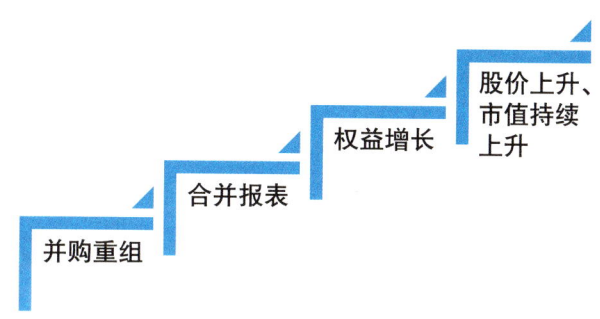

图 2-8　市值成长内部机制（并购重组）

相对于未挂牌的中小企业，新三板企业的一个突出优势就是具备直接融资能力和股票市值。通过积极有效地对外投资和并购重组，可以促进企业的外延式增长，新三板市场将助力企业跨越式发展。新三板企业可以通过发行股份对价，收购具有产业协同性的上下游企业，也可以通过定向增发募集资金，进行参股或控股投资。通过有效的资本运作，挂牌企业可以快速组织产业资源，形成规模优势和产业壁垒，实现经营和资本双轮驱动下的快速成长。

高效的市值管理除了建立上述内部机制外，还可以借助外部机制加以完善。

市值管理的目的是价值实现，基础是做好企业自身，包括选择产业及产品、做好产业和产品的规划经营。这些是价值塑造的过程，经过价值描述、价值传播，从遗忘到认知，从认知到认同，最终得到价值实现。市值管理是一个企业的战略管理行为，不能仅仅把其当为一种工具备用。

市值报告

企业的市值管理必须建立年度市值目标，让市值管理机制转化为年复一年的常态工作，建立市值管理的常态机制，实现公司市值最大化。

市值管理常态机制和工作体系建设首先要有总体的思路，即企业市值管理的理念、逻辑及工作体系，建立包括领导机制、组织机制、岗位设置、业务流程在内的标准组织，建立有明确工作内容、标准工作规范、工作标准、危机处理的工作体系，善于发现公司的市值，建立公司内部价值识别、描述和评价机制，建立和实行市值周、月、季度、半年及年度报告制度。

结合市值管理模型设计，建立市值管理数据模型、档案系统、市场增长预测、市场机会评估，并对市值管理成果进行检讨、常态检验和持续改进，把市值管理机制转化为年复一年的常态工作，实现公司市值最大化、最优化，并建立年度市值管理目标评估机制。

现在很多企业做不到周报，但是，月报制度必须要建立，这样能把投资者、股东以及周边相关人员联通起来，要让他们知道企业后续战略。制定年度市值管理目标，月度小结、季度评估、半年跟进检讨，对全年进行市值管理，形成常态化、规范化的市值管理报告制度，给他们稳定增长的合理预期。

表 2-4　市值管理月度报告表

项目	数据	月度变化				变化原因说明	备注
		第1周	第2周	第3周	第4周		
公司数据	总市值						
	市盈率						
	市净率						
	收益／股						
	净资产／股						
对比数据	细分行业排名						
	标杆企业指标						
市场数据	前十大股东比例						
	机构持股变化						
	管理层持股变化						
财务数据							
融资计划							
董、监、高变化							
投资者关系							
媒体关系							
信息披露							
问题及对策建议	1. 市值变化趋势及市值目标评估 2. 融资计划实施进展及影响评估 3. 财务指标变化情况及影响评估 4. 投资者关系影响评价 5. 董、监、高变化影响评价						

表2-4是市值管理的月度报告参考，由董事会秘书牵头完成市值报告，经由董事会组织行业分析及相关专业人员分析会，继而由经营班子传导、落实，再反馈至董事会，由董事会秘书总结。主要是定期关注总市值、市盈率、市净率、每股收益、每股净资产、挂牌企业在细分行业的排名，对比标杆企业的指标，对挂牌企业前十大股东持股比例、机构持股变化、管理层持股变化的数据进行整理、收集，并就如下几个问题对市值的影响做出总结：对市值变化趋势及市值目标进行评估，对融资计划实施进展及影响进行评估，对财务指标变化情况及影响进行评估，对投资者关系影响进行评估，对董、监、高变化影响进行评估。

表2-5是年度报告参考：

表 2-5 市值管理年度报告表

项目	数据	年度趋势				变化原因说明	备注
		第1季度	第2季度	第3季度	第4季度		
公司数据	总市值						
	市盈率						
	市净率						
	收益／股						
	净资产／股						
对比数据	细分行业排名						
	标杆企业指标						

续表

项目	数据	年度趋势			变化原因说明	备注
市场数据	前十大股东比例					
	机构持股变化					
	管理层持股变化					
融资计划完成情况						
项目投资进展情况						
并购及重组情况						
投资者及媒体关系						
信息披露管理						
财务报告数据						
市值目标评估						
问题及对策建议	1. 市值目标完成评估 2. 投资项目进展评估 3. 财务数据结果评估 4. 操作团队绩效评估 5. 投资者关系维护对策					

组织架构

市值管理不是一时兴起委托做市商操盘的，这是一个系统，需要企业与做市商来共同承接。总体思路是在树立产业与资本融合、持续创造价值的经营理念下，围绕产业利润和资本市场互为循环影响的逻辑，建立市值管理的工作体系，包括领导机制、组织机制、标准化的岗位设置与业务流程。

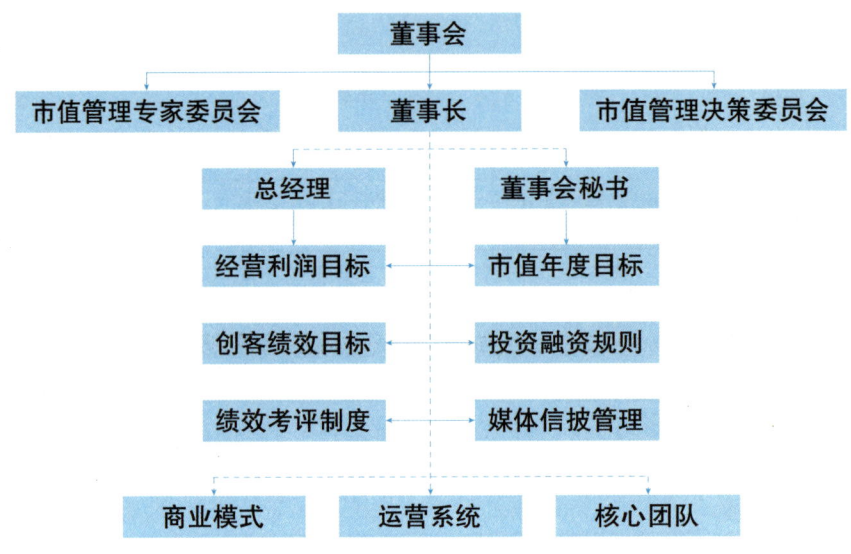

图 2-9　市值管理组织构架

图 2-9 是一个针对市值管理的组织架构图，这不意味需要更多人士的加。董事长对资源负责，主要关注商业模式、运营系统和团队组建；总经理对利润负责。成立专门的市值管理部门，可由董事会秘书、董事长以及企业核心高管组成相应的决策委员会，可聘请资本市场有经验的人士担任董事或加入其市值管理专家委员会。总经理主要对经营利润目标、创客绩效目标、绩效考评制度负责。董事会秘书常由财务总监、人力资源等职位兼任或独立负责，但是，要对市值年度目标、投资融资规划、媒体信披管理负责。

知己知彼

任何企业都不能独善其身地存活在市场上，借鉴、参考成功市值管理的案例，研究、分析同业、相关行业的市值情况，有利于企业结合自身定位，提升并改善市值管理相关措施。

市值发现的工具莫过于"市值排行榜"，通过对财务指标、交易行情、公司基本数据、股东投资数据、公告媒体信息、行业分类数据、政策市场数据进行分析，来做市值分项排行榜，例如细分行业排行榜、最具价值排行榜、细分行业TOP10、热点板块排行榜、并购重组排行榜、市值排行报告书。

图2-10～图2-14、表2-6～表2-8是我们制作的市值排行榜以及相关分析工具，仅供参考：

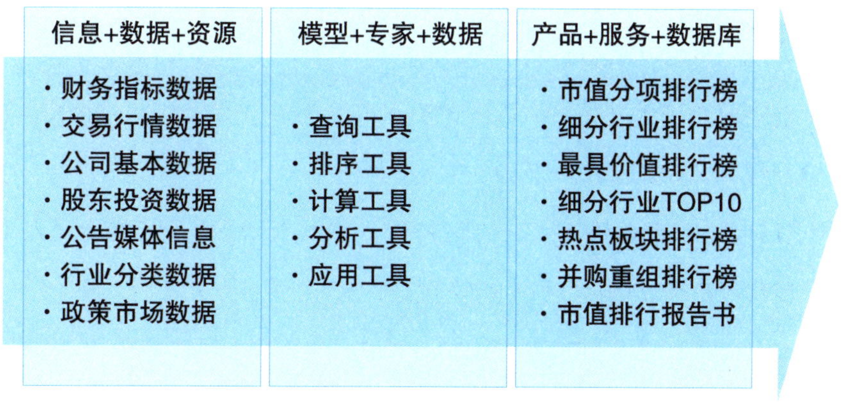

图 2-10　市值排行榜——价值发现工具

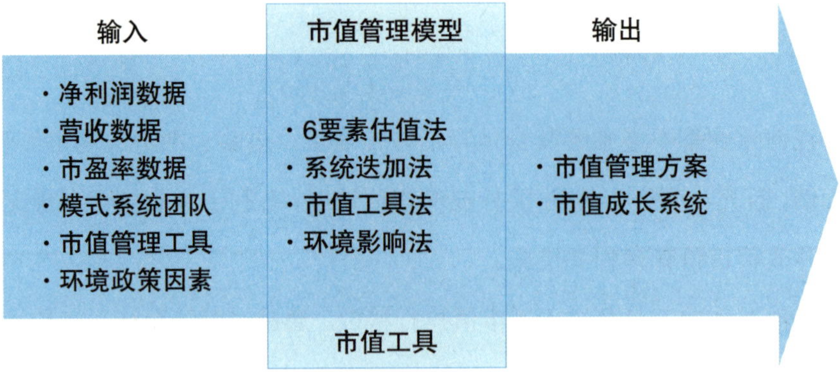

图 2-11 市值管理模型——市值工具

基础模型（1）	（1）+市值工具	（1）+（2）+九大系统	（1）+（2）+（3）+政策+市场+传媒
股份管理	高送配股		
股价管理	增持减持	商业模式	政策影响
净利润率	股权激励	运营系统	市场影响
市盈率	并购重组	核心团队	信息披露

说明：1.市值=股价×总股本；2.市盈率=每股收益/股价；3.决定和影响收益的所有要素按权重建构个性化模型

图 2-12 挂牌公司市值管理模型

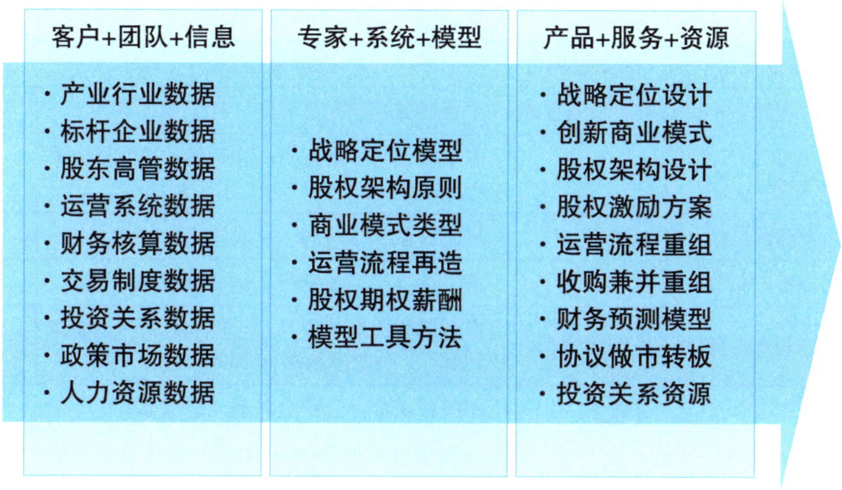

图 2-13　市值管理模型

表 2-6　新三板市值排行榜数据模型公式

	自变量项目	因变量项目	数据模型公式	说明
1	股票价格	总股本	总市值＝股票价格 × 总股本	
2	每股收益	股票价格	市盈率＝每股收益／股票价格	
3	股票价格	每股净资产	市净率＝每股价格／每股净资产	
4	净利润	净资产总额	净资产收益率＝净利润／净资产总额	
5	资产总额	股东权益	股东权益比率＝股东权益总额／资产总额	
6	总资产	负债总额	净资产＝总资产－负债总额	
7	总资产	总负债	资产负债率＝负债总额／资产总额	
8	营业收入	营业成本	营业利润＝营业收入－营业成本	
9	营业收入	营业收入增长	营业收入同比增长率＝（当期营业收入－上期营业收入）／上期营业收入 ×100％	

续表

	自变量项目	因变量项目	数据模型公式	说明
10	总利润	其他业务利润	主营业务利润＝总利润－其他业务利润	
11	总资产	总负债	股东权益＝（总资产－总负债）＋实收资本＋公积金	
12	净利润总额	总股本	每股收益＝净利润／总股本	
13	净资产总额	总股本	每股净资产＝净资产总额／总股本	
14	净利润总额	净利润增长	净利润同比增长率＝（当期净利润－上期净利润）／上期净利润×100%	
15	公积金	总股本	每股公积金＝公积金总额／总股本	
16	未分配利润	总股本	每股未分配利润＝未分配利润总额／总股本	
17	股东投入成本	净利润总额	股东收益净增加值（EVA）＝净利润－股东投入成本（8%／年）	
18	三项费用总额	营业利润	总利润＝营业利润－三项费用	
19	经营性现金流	股东总额	每股经营现金流＝经营活动产生的现金流净额／年末普通股总股本	
20	销售收入	销售成本	销售毛利率＝（销售收入－销售成本）／销售收入×100%	

短 期偿债能力

流动比率=流动资产（净）/流动负债
流动比安全边际=营运资本=流动资产—流动负债
速动比率=速动资产/流动负债
现金比率=现金类资产/流动负债
速动资产维持天数=（预计年营业开支—非现金支出）/365天
现金流入负债比=营业所得现金/负债总额
营运资本比率=营运资本/净资产总额

长 期偿债能力

负债比率=负债总额/资产总额
有形资产债务率=负债总额/有型资产总额
已获利息倍数=（利润净额+所得税+利息费用）/利息费用
产权比率=负债总额/所有者权益总额
权益总资产率=资产平均总额/平均所有者权益
所有者权益比率=所有者权益/资产总额

营 运能力分析

应收款周转次数=赊销收入净额/应收账款平均余额
存货周转率=销售成本/平均存货余额
营运资本周转率=销售净额/平均营运资金
单项流动资产比率=某单项流动资产比率/流动资产总额
流动资产周转率=流动资产周转额/流动资产平均占有额
流动资产占用率=1/流动资产周转率（次数）
固定资产周转率=销售收入净额/固定资产平均净值
固定资产增长率=（期末固定资产原值—期初原值）/期初原值
固定资产结构比率=某类固定资产净值/固定资产净值总额
固定资产折旧率=固定资产累计折旧额/固定资产原值总额
总资产周转率=销售收入净额/资产平均总额
总资产结构比率=某类资产额/资产总额

盈 利能力分析

资产利润率=利润总额/平均资产额
流动资产盈利率=经营利润额/平均流动资产额
固定资产盈利率=经营利润额/平均固定资产额
资本金利润率=利润总额/实收资本金
所有权益利润率=利润净额/平均所有者权益总额
资本保值增值率=期末所有者权益额/期初所有者权益额
销售利润率=利润总额/销售收入净额
成本利润率=利润总额/商品销售成本
净值报酬率=利润总额/平均固定权益
利润增长率=（报告期利润额—基期利润额）/基期利润额
每股收益=（净收益—优先股股权）/普通股股权
市盈率=每股收益/普通股每股市价
每股股利=扣除优先股利后的股利总额/平均普通股数
股利支付率=普通每股股利/普通每股收益
股利收益率=普通每股股利/普通每股市价
留存盈利率=（净利润额—全部股利）/净利润额

图2-14　新三板市值管理模型之财务数据模型基础公式

表 2-7　细分行业标杆企业指标因素分析表（数据为假设）

细分行业标杆企业指标	标的企业指标	行业 TOP10 平均指标	分析数据说明	因变量（标的企业）	变化率	基准值（标杆企业）
市值总额	100,000,000	98,000,000	120,000,000		98,000,000	100%	98,000,000
市盈率	25.00	30.00	25.00		30.00	100%	30.00
市净率	2.50	1.80	2.50		1.80	100%	1.80
净资产收益率	15.50	15.50	15.50		15.50	100%	15.50
每股收益	0.50	0.40	18.00		0.40	100%	0.40
每股净资产	5.00	3.00	5.00		3.00	100%	3.00
每股经营现金流	-0.65	0.85	-0.65		0.85	100%	0.85
每股公积金	0.85	1.25	0.85		1.25	100%	1.25
每股未分配利润	3.75	2.50	3.75		2.50	100%	2.50
销售毛利率	30%	35%	30%		35%	100%	35%
营业收入同比增长	22.85%	20%	22.85%		20%	100%	20%
净利润同比增长率	0.75	0.55	0.75		0.55	100%	0.55
资产总额	100,000,000	120,000,000	200,000,000		120,000,000	100%	120,000,000

续表

细分行业标杆企业指标		标的企业指标	行业TOP10平均指标	分析数据说明	因变量（标的企业）	变化率	基准值（标杆企业）
负债总额	65,000,000	75,000,000	55,000,000		75,000,000	100%	75,000,000
资产负债率	65%	75%	55%		75%	100%	75%
营业总收入	5,000,000	6,000,000	5,000,000		6,000,000	100%	6,000,000
利润总额	650,000	700,000	750,000		700,000	100%	700,000
净利润	500,000	580,000	600,000		580,000	100%	580,000
股东权益比率	55%	35%	45%		35%	100%	35%

表 2-8 标杆公司核心指标数据分析表（数据为假设）

标的公司核心指标数据		总排名位置	区域排名位置	细分行业排名	主板龙头企业指标	创业板龙头企业指标	标的公司指标	变化率	标杆企业指标	备注及说明
市值总额	100,000,000						100,000,000	100%	100,000,000	
市盈率	25.00						25.00	100%	25.00	
市净率	2.50						2.50	100%	2.50	
净资产收益率	15.50						15.50	100%	15.50	
每股收益	0.50						0.50	100%	0.50	

标的公司核心指标数据	总排名位置	区域排名位置	细分行业排名	主板龙头企业指标	创业板龙头企业指标	标的公司指标	变化率	标杆企业指标	备注及说明
每股净资产	5.00					5.00	100%	5.00	
每股经营现金流	-0.65					-0.65	100%	-0.65	
每股公积金	0.85					0.85	100%	0.85	
每股未分配利润	3.75					3.75	100%	3.75	
销售毛利率	30%					30%	100%	30%	
营业收入同比增长	22.85%					22.85%	100%	22.85%	
净利润同比增长率	75%					0.75	100%	0.75	
资产总额	100,000,000					100,000,000	100%	100,000,000	
负债总额	65,000,000					65,000,000	100%	65,000,000	
资产负债率	65%					65%	100%	65%	
营业总收入	5,000,000					5,000,000	100%	5,000,000	
利润总额	650,000					650,000	100%	650,000	
净利润	500,000					500,000	100%	500,000	
股东权益比率	55%					55%	100%	55%	

这些都是挂牌企业对标的知己知彼继而找到自己突破点或者市值管理提升方向的好方法，找到自己的核心竞争力，就能建立自己持续成长的支

持系统。

企业家通过这样的方法，明确企业在细分行业的位置，找到标杆企业及其位置。新三板的挂牌企业里有多少家细分行业企业？同样细分行业的企业，在 A 市场里最强的企业是哪家？哪家是标杆企业？在新三板的企业就同质化程度而言，不管是产品、模式还是创新能力，有多重维度可以对比自己企业所处的地位。

挂牌企业要明确自己行业中的标杆企业是谁，为什么是这家企业？选择标杆的参考标准：对方企业的模式、核心竞争力、独特和关键因素、运营系统及核心团队。标杆企业与自己企业的差距是什么？制定追赶计划，要拟 3 ～ 10 年的长期计划。

如图 2-15，您的公司怎样回答图中的问题？

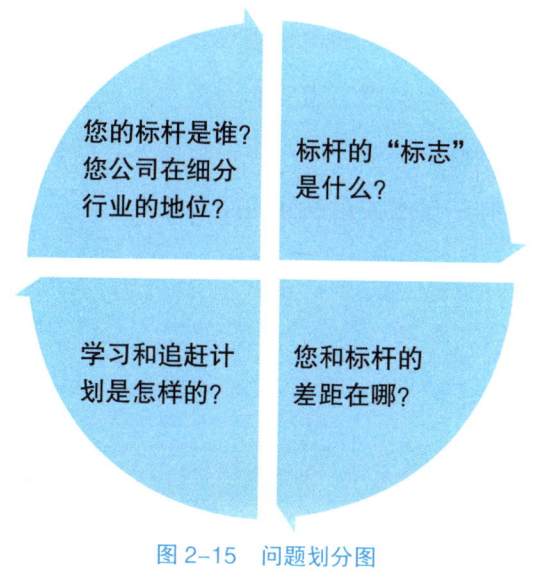

图 2-15　问题划分图

假如这个细分市场有十多家同业的企业，如果 5 年内无法做到行业内的前三名，那么就要思考是并购别人、被别人并购还是被淘汰的问题。

未来，在众多的企业中，找到和找准自己在细分行业的位置很重要。建立一支专业队伍不需要很多人，挂牌公司要有人跟踪这个行业的分析师、专业投资基金、新研究成果、标杆企业。跟踪这些企业的现状，了解它们做了哪些管理决策与行为，推出了哪些新的服务和成果、营销模式。

此外，市值管理更需要对做市商进行统计与分析，定增的 10～20 强会是新三板企业发行的买家，新三板企业上市后需要给投资商一个购买的理由。排名较前的做市商能够给投资者更多信任，这可以由企业专人来研究分析，同时也可以借助外部机构进行相关数据分析的参考与借鉴。例如锦狮就有"基金 50 强"、"做市商 20 强"排行的分析。

挂牌企业的董事长要避免自己成为"两院院士"（要么进入医院，要么进了法院）。很多挂牌企业董事长没有想明白挂牌和上市的终极目标是什么。是要做一个好公司！做一个持续为社会带来价值的好公司！做一个真正能给社会提供好服务、好产品，市值持续成长的基业长青的好公司！做一个与社会、体制、自然关系友好的好公司！

第三章

点石成金——细解"新三板市值管理系统解决方案"

XIN SAN BAN SHI ZHI GUAN LI

企业上市与资本运作虽然是很复杂的事情，却有简单化、数字化、模块化的系统解决方案。我们总结了进行市值管理的"五项原则"，结合一个市值管理增长的目标，组合两大团队的力量，从三个核心出发，对九个模块细分进行市值管理操作，这是我们独家研发的市值管理系统工具。

第一节 五大原则

在企业市值管理的过程中，因为经济、科技的飞速发展，所有预期都存在诸多不确定性。作为企业家，应对市场需要有良好的心态，同时也需要遵守市值管理的如下五项原则：

未来 所有成功都来自对未来趋势的预判。股票市值是对公司未来预期利润的贴现，而市盈率是贴现的倍数，或是在企业利润不变的情况下可累计贴现的年限。所以，市值管理就是"做未来"，就是设计"未来的产品"、"未来的模式"、"未来的利润"。

选择 选择比努力更重要。做正确的事比正确地做事更重要。基于产业和行业的未来，选择未来投入产出比最高的产品和业务，使未来更多年、更高的利润进行贴现。同时投资人也会看到企业本身的盈利能力和增长能力。

条件 成果的基础是条件，条件是创造出来的！选择好的产品和业务可能需要更多的条件，挂牌公司可以通过收购、兼并、重组的方式去创造、建立必要的条件。基础条件满足了，成果自然就显现。产品和模式的设计尤其重要。

顺序 知所先后，则近道也。所有一切资源都是有限的。人力、物力、财力的阶段性投入是成败的关键。由小到大、由点及面，一一铺开，有选择性地结合政策、时事、热点调整先后顺序，充分结合资源、投入，实现市值的变化和增长。

节奏　节奏是时间上的组织。新三板企业已是公众公司，所以，在公告、披露企业信息时必须实事求是，严格依法依规。对于相对负面的信息，要掌握披露的时机和节奏。

根据如上"五项原则"，结合二十多年资本运营、企业咨询、企业上市运营的经验，我们总结出一套具有中国特色的新三板市场管理模型，一套帮助新三板挂牌企业实现持续市值成长的系统解决方案：

围绕企业市值持续成长的目标，打造和构建业务、资本"两个核心团队"，独家提出"科幻小说"、"真才实学"、"资本魔方"三大市值管理核心，进而延伸成有"独孤九剑"之称的九个模块，如此组合成为新三板市值管理的实用操作模型（见图3-1）。

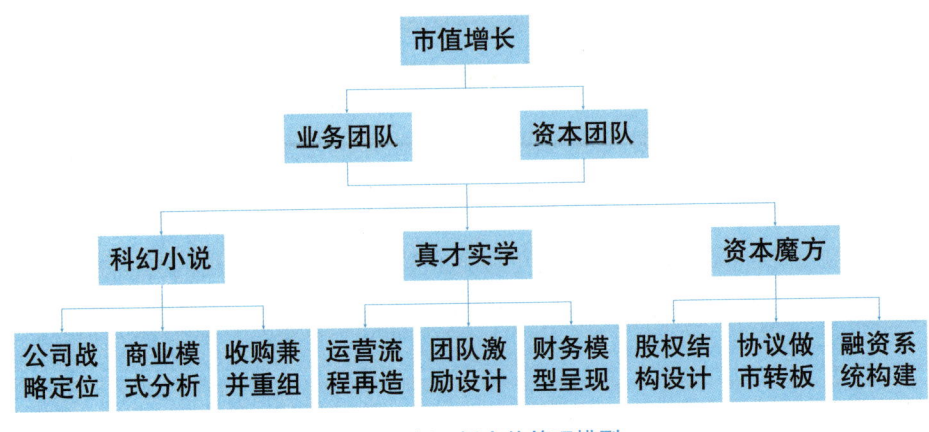

图3-1　新三板市值管理模型

第二节 一个目标

新三板公司设定市值持续成长的目标，用成果导向的思维来设计。首先要考虑十年后企业去向哪里，在什么位置，总市值目标是多少，其次是5年、3年、1年的目标规划。首先假设企业最好的状态，正如"大学之道"[11]所提原则：要成就大的功业或有所建树，首先应该弘扬正确的价值观和正确的自然规律。在以"苟日新，日日新，又日新"对照目标持续改进的情况下，来规划未来最理想的结果。知道最好的结果和设定明确的目标之后，坚定地明确目标，才能不急不躁，进一步细化目标，进而开始持续不断地执行目标。把各个阶段的目标确定后，从中寻找实现目标的方法和路径以及匹配的条件。对一家新三板挂牌企业而言，有很多条件我们是可以去积极创造的。

大学之道——"大学之道，在明明德，在亲民，在止于至善。知止而后有定，定而后能静，静而后能安，安而后能虑，虑而后能得。

---

[11] 来自《大学》。

物有本末，事有终始，知所先后，则近道矣。"

意思是大学的宗旨在于弘扬光明正大的品德，在于使人弃旧图新，在于使人达到最完善的境界。知道应达到的境界才能够志向坚定；志向坚定才能够镇静不躁；镇静不躁才能够心安理得；心安理得才能够思虑周详；思虑周详才能够有所收获。每样东西都有根本、有枝末，每件事情都有开始、有终结。明白了这本末始终的道理，就接近事物发展的规律了。

挂牌企业一定要有市值持续成长的目标体系，公司的一切管理要服从市值管理目标，市值管理的目标反过来服务于企业目标的达成。

例如，我们帮某企业设定了 3 年增长 20 倍的市值管理目标，结合市值管理的模型进行目标拆分（见表 3-1）。

改变题材提升 2 倍；

改善商业模式提升 3 倍；

打造梦幻团队提升 5 倍；

营收增长每年提升 1 倍；

利润增长每年提升 1 倍；

拥有核心技术和产品提升 5 倍；

通过有效的盈余管理每年提升 2 倍；

设定分层转板的时间表提升 5 倍；

引入"明星"战略投资人提升 5 倍；

......

表 3-1 市值管理目标拆分示意图

指标		第一财年	第二财年	第三财年	合计
市梦率	题材	2 倍			
	模式	3 倍			
	梦幻团队	5 倍			
市盈率	营收增长率	1 倍	1 倍	1 倍	
	利润增长率	1 倍	1 倍	1 倍	20 倍以上
	核心技术及产品	5 倍			
杠杆率	盈余管理	2 倍	2 倍	2 倍	
	分层转板	5 倍			
	股东结构	2 倍			

以上的倍数是一种理想的状态，围绕这三大主题的九个方面来做市值管理，定能带来更高的价值。

第三节　两个团队

市值管理需要两个团队：业务团队、资本团队。

当下，新三板挂牌企业"僵尸遍地"的核心原因就是缺少资本团队的专业运作。很多企业从"产品经营"刚迈向"资本经营"，只擅长业务不懂资本情有可原，但从今天开始，必须建立资本运营团队。

我们设定了两个团队。总裁／总经理是业务团队的第一责任人，产品经理、销售经理是团队核心，要巩固老业务，开发新业务。同时建立基于利润目标考核的激励机制，让核心产品、核心业务能够持续、良性地发展。

董事长是资本团队的第一责任人，董秘和证券经理是资本团队业务操作的核心人员，负责融资、投资、收购、兼并，为企业未来做大、做强提供资金资源的支持。同时建立市值管理的目标考核机制，让企业未来立于不败之地。

图 3-2 是"两个团队"的简单示意图：

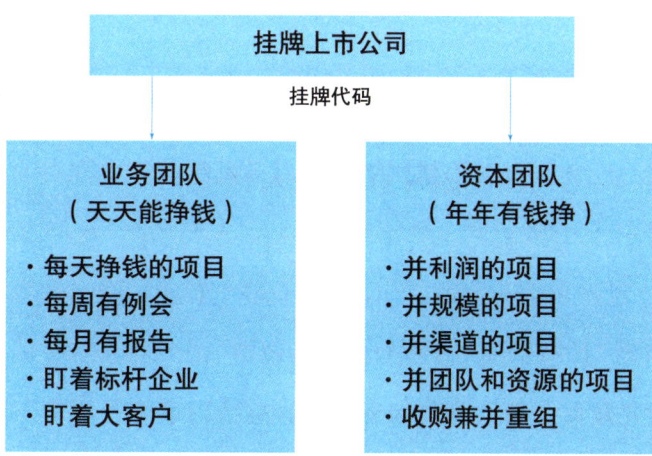

图3-2　挂牌上市公司"两个团队"示意图

很多新三板的挂牌企业目前纠结于没有适合的人才来执行，其实可以用资本思维来考虑企业的价值。每个岗位都是一种投资，损失最大的是时间成本。挂牌公司的人才一靠培养、选拔，二靠吸引、猎头。一个构架出来的"梦幻团队"也会为企业市值倍增起到积极作用。挂牌公司与传统企业经营不同的是，挂牌企业已经有一套相对完善的公司治理结构，可用机制来约束、激励相关人才。

第四节 三大核心

我们研究数百个市值管理的案例后，总结出市值管理有三大核心，分别是"科幻小说（市梦率）"、"真才实学（市盈率）"、"资本魔方（杠杆率）"。

创作"科幻小说"——打造"市梦率"

A 股企业要求持续经营 3 年以上，其对财务指标和盈利指标都有要求，说明 A 股企业上市前，主营业务清晰，盈利能力强劲，运营管理规范，而新三板企业在这方面基本没有要求。所以，新三板企业挂牌以后要想融到资，定增、做市成功，必须先把自己"包装好"，必须讲一个关于未来的"科幻小说"。

第一是"酒"要好。企业首先需要质地好、价值优，所谓"好"也需要进行描述、说明。第二是"酒"好也怕巷子深。企业需要把自己的价值营销出去，必须有一个"好的故事"作为载体，这样才能让投资者理解、认可、坚信。

所有投资人都是为未来买单的，未来规划得好，有宏大空间，投资人自然就会投资。"科幻小说"要从三个方面设计："企业战略定位"、"商业模式创新"、"收购兼并重组"。

1. 企业战略定位

打开新三板挂牌企业和A股企业的公告，不难发现很多新三板挂牌企业主营业务不清晰，只是把公司目前从事的业务进行简单地堆砌，不够明确。

案例

以下是某新三板挂牌企业公告的主营业务：

医用高分子绷带、医用高分子夹板生产和销售（凭许可证在有效期内经营）；实验室成套装备制造、加工；建筑智能化设计与施工一体化，二级空气净化和实验室装饰装修工程、环保工程专业承包、建筑装饰装修工程专业承包、机电设备安装工程专业承包、城市园林绿化工程、城市亮化灯饰工程（上述经营范围凭资质经营）；净化空调设备通风系统、CIT节能控制系统研发设计；化验仪器、LED节能灯、家禽孵化设备、机电产品加工、制造和销售；安防系统产品销售；经营和代理各类商品及技术的进出口业务（国家限定企业经营或禁止进出口的商品和技术除外。依法须经批准的项目，经相关部门批准后，方可开展经营活动）。

这样的定位会让投资者难以明确其主营业务，无法准确定位其未来。企业必须要对未来发展的战略非常清晰。定位企业战略需要关注四大核心要素：贴政策、靠行业、应趋势、抢热点。

贴政策　包括参考国家整体战略、产业政策、区域扶持政策，要"站在月球看地球"、"站在未来看现在"。作为新三板挂牌企业，"核心题材"是市值增长的关键要素。挂牌企业需要紧贴国家战略规划，迎合各种产业布局的政策，积极寻找与区域扶持政策相匹配的定位。

以下案例是我们结合"新三板市值管理模型"做的一个项目，启动"僵尸"企业改造的要点，就是在市值管理"报告文学"的基础上增加"科幻小说"的题材，让企业具备核心业务和想象空间（见图3-3～图3-6）。

案例

某新三板的挂牌企业A，1996年成立，2013年挂牌，主业是品牌打印设施的国内区域销售代理商，一直没有启动"市值管理"。

业务简单，无核心技术，如何有效去做科幻小说？对其行业细致地调研分析后，我们发现庞大的市场只需要其进行简单的业务改造，就可以做出很好的题材。

品牌打印设备的销售后端是耗材的经营，而国外打印耗材再制造是个成熟、庞大的市场。每年美国本土就有百亿美元销售额，而国内目前相对空白。

我们将其战略定位由传统的中间批发商更新为"打印耗材再制造"，其战略定位符合国家战略新兴产业"资源再生业"和"环保"题材，经过耗材再回收的"互联网+"概念，构成了办公一体化生态型解决方案。

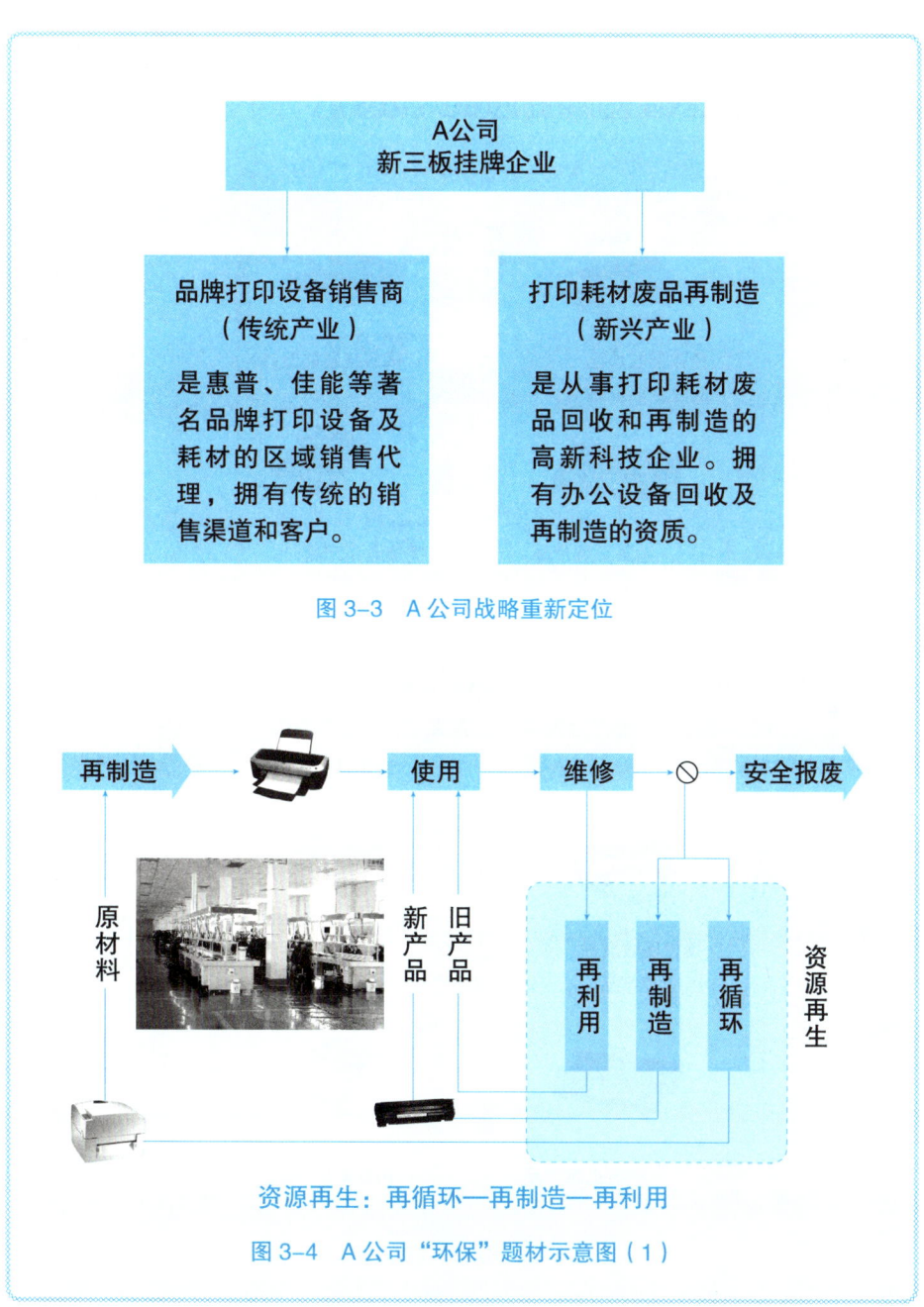

图3-3 A公司战略重新定位

资源再生：再循环—再制造—再利用

图3-4 A公司"环保"题材示意图（1）

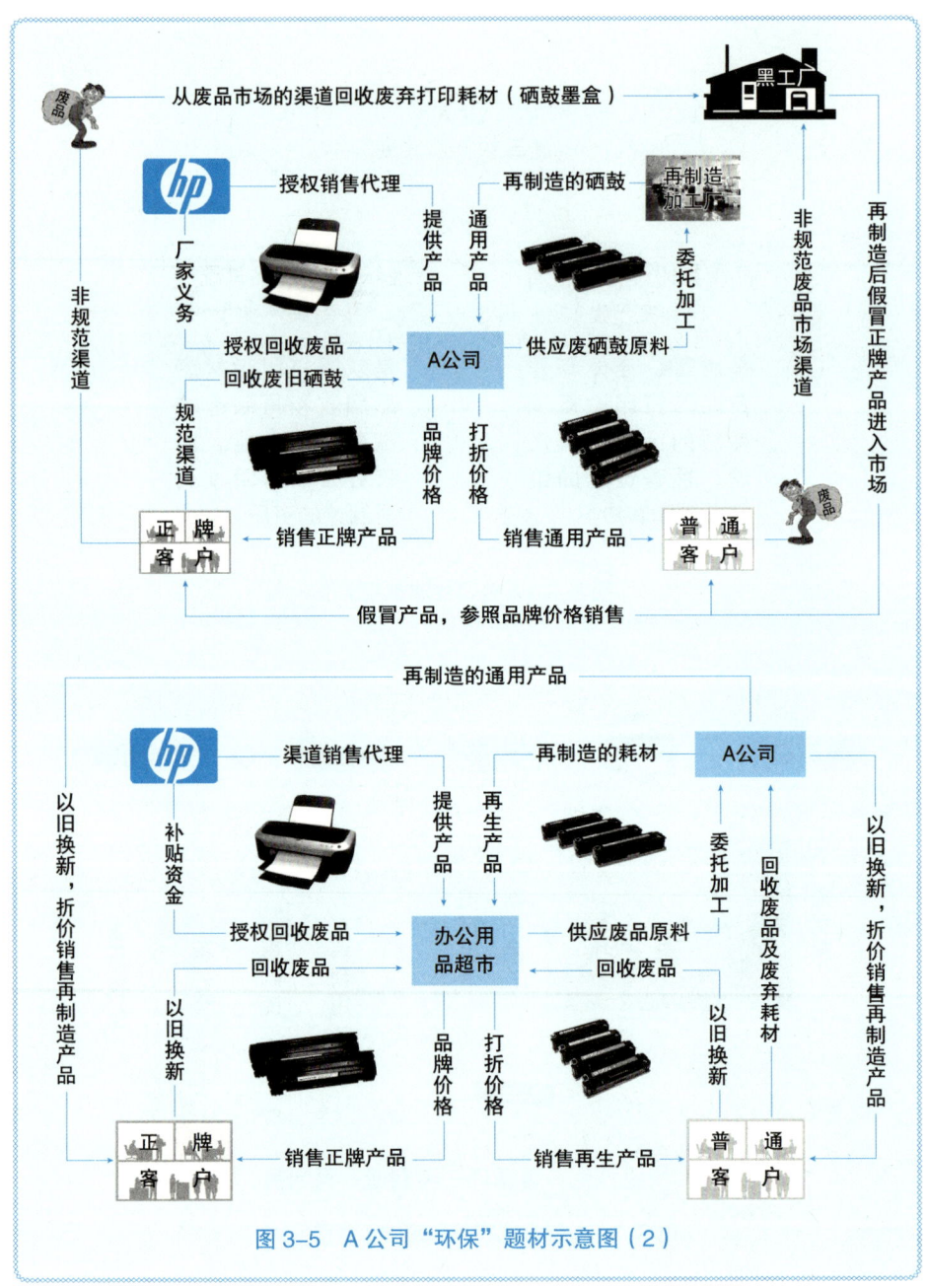

图 3-5 A公司 "环保" 题材示意图（2）

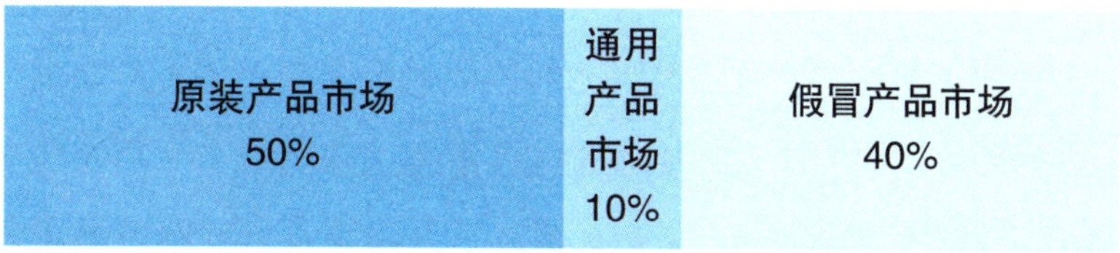

原装产品市场 50%	通用产品市场 10%	假冒产品市场 40%

　　目前打印耗材市场主要分成三个板块：第一是原装产品市场，主要是品牌厂家的原配产品和标配配件；第二是通用产品市场，主要是诸多无自主品牌的加工产品，按正常渠道进入市场；第三是假冒产品市场，是很多上述加工企业利用从废品渠道回收的废弃打印耗材，经过再制造翻新，然后仿冒品牌产品进入市场。

　　A公司打造的打印耗材回收及再制造战略，旨在依托第一类市场（为其履行生产者回收义务并获得优质再生原料），挤压第三类市场的空间，用正规渠道回收的废品，经再制造后按正常渠道进入市场，填充通用产品市场的空白。

图3-6　A公司打印耗材再制造的战略规划

　　经过我们的设计增加新题材后，上海市已把A公司纳入了战略新兴板的两百个候选企业之一。这个企业2014年的净利润达四百多万元，入驻临港再制造工业园，国家各项补贴政策累加超过千万元。这就是挂牌企业战略定位改造的好案例，通过战略定位的改造，企业顺利从代理商变成品牌商，同时有了更"高、大、上"的"核心题材"。

　　对于企业家来说，国家整体战略可以从"十三五规划"、"十八届三中全会"有关文件中解读、获悉。如何对这些文件进行解读呢？例如，中国将加快发展现代服务业，不断放宽市场的准入条件，促进服务业的优质高效发展，也就是所说的"一个延伸、两个转变"：第一，生产性服务业向专业化和价值链的高端延伸；第二，生活性服务业向精细和高品质转变；第三，制造业由生产型向服务型转变。类似的文件解读可以帮助企业寻找到战略定位的新方向。

> "十三五规划"中对"创新驱动"的描述如下：
>
> 实施一批重大科技项目，在重大创新领域组建一批国家实验室。在航空发动机、量子通信、智能制造和机器人、深空深海探测、重点新材料、脑科学、健康保障等领域再部署一批体现国家战略意图的重大科技项目。
>
> 新三板挂牌企业可以通过对国家重大战略的解读，快速顺应发展大势，配属贴合自己行业、企业的新题材，如无全国资源就从省级、市级开始入手，积极配合、呼应国家的发展战略。

现代企业特别强调精细，就是更加精准地定位客户，更加重视细分市场，并向高品质转变，以用户为导向。企业家可以借鉴"国家战略新兴产业目录"[12]，国家战略新兴产业目标，目前一级目录包括节能环保农业、新一代信息技术产业、生物医药产业、高端装备制造产业、新能源产业、新材料产业、新能源汽车产业，下面还有二级、三级、四级、五级目录，企业可以从中找到自己当下所处行业较为相关的战略新兴产业去匹配（见表3-2）。

---

[12] 有关政府机构会不时更新与补充，目前最新的"十三五"战略性新兴产业发展规划，国家政府正在编制征求中，如下参考的是目前仍在使用的、发布于2012年的"十二五"战略新兴产业发展规划。它明确了七个重点领域2015年至2020年的发展目标，以及相关配套政策。从"十二五"规划的七大新兴产业推导，得出"十三五"规划中的新兴产业仍将延续主要的重点领域，并在未来五年有望做大做强，预计这些行业在近年上市的次新股将有望首先受到市场关注。

表 3-2 国家战略新兴产业目录

一级目录	二级目录	三级目录	四级目录	五级目录	产品书目
节能环保产业	5	27	86	0	96
新一代信息技术产业	3	29	131	151	212
生物医药产业	3	10	43	0	49
高端装备制造产业	5	24	60	73	119
新能源产业	5	16	49	89	114
新材料产业	6	26	75	0	83
新能源汽车产业	7	20	26	19	48
合计	34	152	470	332	721

对于区域扶持政策同样可以在地方进行"十三五"规划（国家明确后，地方政府会结合国家规划再制定有地方特色的"十三五"规划，目前还在制定中），通过每年的地方战略发现自己未来潜在的发展方向，同时地方会定期发布有关扶持政策。企业家要做的就是及时关注这些信息，找到自己企业所处行业的位置与支持政策。战略新兴产业既代表国家的发展战略，也代表产业新兴发展方向，通常会有较高的增速，也是传统企业转型升级的需要。新三板挂牌企业战略定位，如能贴近国家战略新兴产业目录支持、地方政策扶持，就能更加符合分层制度设计中创新层的要求，有利于市值的增长。

靠行业 思考行业交叉，结合颠覆性技术，寻找行业新机会。目前国家大力倡导"创新经济"。"创新"除了指技术创新以外，更多是跨界整合。

对于新三板挂牌企业而言，有没有结合"云计算"、"大数据"、"移动互联网"、"大健康"、"大环保"、"生态农业"的概念，直接影响投资者对其未来价值的判断。单纯的传统行业题材已经没有任何想象空间。以制造业为例，传统制造业有 5 ～ 8 倍的市盈率，先进制造业有 20 ～ 30 倍的市盈率，工业 4.0 或"工业制造 2025"的市盈率在 40 倍以上。所以，"传统产业＋云计算"、"传统产业＋大数据"、"传统产业＋大健康"等是市值管理的方向。

当然，如能加上颠覆性技术，更能给传统行业带来贴近行业创新、发展趋势的机会。

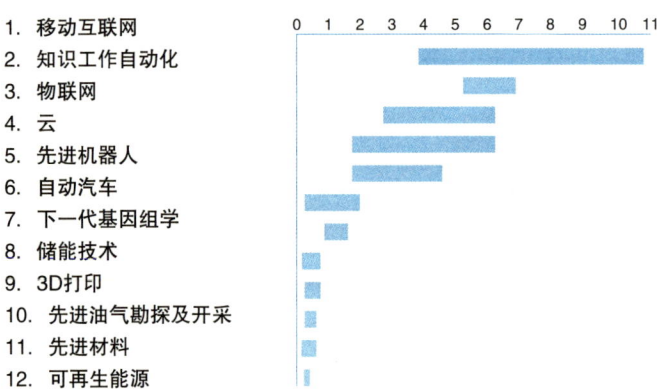

预估2025年潜在经济影响上下限（万亿美元，年度）

1. 移动互联网
2. 知识工作自动化
3. 物联网
4. 云
5. 先进机器人
6. 自动汽车
7. 下一代基因组学
8. 储能技术
9. 3D打印
10. 先进油气勘探及开采
11. 先进材料
12. 可再生能源

图 3-7　预测 2025 年颠覆技术图示

图 3-7 是预测到 2025 年对潜在经济影响上下限的颠覆性技术，先后

是移动互联网、知识工作自动化、物联网、云、先进机器人、自动汽车、下一代基因组学、储能技术、3D打印、先进油气勘探及开采、先进材料、可再生能源。挂牌企业可以结合这些颠覆性技术来制定企业未来发展的战略规划，这也将会对市值管理产生积极的影响。

挂牌企业通过积极"靠行业"的操作，既完成了公司未来发展的重新定位，完成了传统企业的转型升级，也为市值管理做好了规划。甚至可以通过企业"更名"，在营业执照上变更主营业务，来进一步明确公司战略定位和市值管理的落实。

应趋势   结合智慧时代，创造以用户体验为核心的新经济。《三体》中有句比喻，移动互联网对于传统行业的攻击，是高维度商业模式与低维度商业模式的比拼，根本不在一个层面上，将对很多行业造成巨大的颠覆。这些行业不会彻底消灭，但一定会被边缘化。传统商业价值将逐步萎缩。

在中国，人们习惯性地把"2006年"作为移动互联网时代的划分界限，而2010年后人类全面进入了"智慧时代"，即智能化、物联网化高度发达。万物互联的时代是下一个趋势，无处不在的二维码让消费者"所见即所得"。所以，挂牌企业的战略定位要积极应对智慧时代的发展趋势。例如"褚橙"，每个橙子都有二维码，在分享的同时即可扫描下单。企业通过移动互联网技术所建立的强大数据库系统为推送其他优质产品、服务提供了通道，为未来提升销售、增长利润提供了无限想象空间。用"爆品"切入，通过运营数据建立平台，进而结合上下游、其他产业形成"生态圈"的"科幻小说"。

通过顺应"智慧时代"，创造以用户体验为核心的价值，挂牌企业不管分属哪个行业，都可以找到自己的突破方向，冲破企业发展的天花板。

抢热点　新三板挂牌企业的战略定位要敏锐地和当下热点结合，分析师不关心、基金等机构投资者不交易、媒体不报道的现象，是因为企业的战略定位与主流、热点都不相关，令人提不起兴趣，人气和资金自然不会聚集。作为优秀的挂牌企业，要随时关注当下的时事和热点，积极发表正向言论并采取对应的策略，进一步树立社会的正面形象，吸引潜在投资人的关注。

时刻关注热点，经常结合热点进行企业战略定位，并及时做好媒体公开披露。

关注社会热点的同时，也要关注投资人的投资热点。目前关于高铁六大技术系统配套；网络安全；食品安全；与北斗卫星相关的概念；军工制造关联技术产品项目服务；生态农业及农机制造；基于"物联网"研发和应用的技术、项目、模式；移动医疗设备如检测穿戴设备；健康产业及健康管理（空气净化器／净水器／保健品）；基因检测心脑血管、癌症，检测生物制药；儿童教育／养老系列产品服务项目都是当下的投资热点。"十三五"规划中"放开二孩"政策一公布后，当天所有母婴行业一路上涨，这说明热点对于市值的推动作用巨大。作为新三板挂牌企业，最好的做法是找一家同行业A股标杆性的企业，学习其对热点的判断与操作。

案例

连续 32 次涨停的新股——暴风科技

自 2015 年 3 月 24 日上市，暴风科技（300431）连续 32 次涨停，创下 A 股新股上市连续涨停纪录，成为 A 股新的"涨停王"。较上市之时翻了 23 倍有余,其总市值已达 195.72 亿元,相当于 5 个迅雷(5.52 亿美元的市值),和优酷土豆的 32 亿美元市值接近。随后的暴风科技在 54 个交易日有 39 个涨停板,两月涨 20 多倍。

作为一家视频服务供应商,暴风科技的业绩并不出彩。招股说明书显示,暴风科技在 2011 年、2012 年、2013 年及 2014 年的净利润分别为 4928 万元、5585 万元、3854 万元和 4186 万元。尽管连续四年盈利,但增幅甚微,并未出现明显增长的迹象。

然后在其第一季度亏损时,竟然连续数十个交易日涨停,确实有应趋势、贴政策、抢热点方面的原因:

在各方呼吁互联网公司从海外上市回归国内上市的大背景下,暴风科技公开表示要在 A 股上市,做最有示范效应的互联网品牌;暴风科技是 A 股市场迄今为止第一家真正意义上的"互联网平台";暴风科技看好其所在的互联网视频行业,以及自身实力、发展潜力和成长性。

暴风科技之所以涨得停不下来,一方面与整体大盘上扬有关;另一方面是因为暴风科技作为互联网平台类公司,上市前就已被大众所熟悉,市场给同类公司估值都在 100 亿元以上,市场更多地看重其未来和发展空间。

贴智能设备主题:暴风科技的虚拟现实(VR)公司在 2014 年四季度推出"暴风魔镜"产品,正式进军虚拟现实行业。截至 2015 年 3 月底,该公司累计销售"暴风魔镜"18 万台。虽与广告业务带来的收入相比相差甚远，但上市半年已有这样的销量也算值得期待。

据暴风科技一季度的机构持仓数据显示，共有包括基金、券商、社保等 20 家机构，而仅基金类机构就有 17 家，持股总数有 28.45 万股，持股市值为 0.05 亿元。可见，暴风科技的股价飙涨不乏有关机构的推动。

暴风科技的上市创造了一个新的神话，也为贴政策、靠行业、应趋势、抢热点起了一个标杆作用。当然，更值得关注的，则是其企业真正的价值，一家缺乏增长空间与持续成长的企业，即便有机构作为推手，迟早也会消失。就"市值管理"的角度而言，暴风科技可圈可点。当然，企业更重要的还是从盈利能力出发，只有做好了扎实的经营基础，再结合这些推手，才是锦上添花。

战略定位解决"去哪儿"的问题。传统企业因为移动互联网时代的到来，生存空间越来越小，必须"互联网＋"才有出路。所有成功都源自于对未来趋势的预判，如果能加上"环保、智能化、工业 4.0、大健康、五新一高"等概念，就能让企业获得资本市场更多的青睐。如果能够定位好并制定严密的战略计划，行行都能出状元！

2. 商业模式创新

很多人认为商业模式创新难度很大，我们研究了二十多位专家关于商业模式的观点，最后将商业模式系统总结为五种模式，即产品模式、平台模式、产业链模式、类金融模式、复合模式。

（1）产品模式。是以产品为核心的商业模式，即一种产品解决一类客户的核心需求，把一种产品做到极致，持续拉动品牌，占领市场，形成以产品为主的核心竞争优势。

例如加多宝。一款凉茶做到200亿元，牢牢占领饮料细分品类"凉茶"的头牌。又比如云南排毒养颜胶囊连续畅销15年，以"排除毒素、一身轻松"作为广告语，以名字切割出行业品类，以品类说明产品功能，形成了公司名字与产品核心价值和客户需求的一致。

要把产品模式做好，基于移动互联网时代，必须追求以单品极致化和迭代化为核心。所谓"极致"即从用户的角度满足客户的显性需求、隐性需求和核心需求。所谓"迭代"即从极致的追求中不断提升智能化、体验感，根据市场节奏持续改进、持续推出新功能、新服务，让客户离不开、跑不掉、赶不走。

显性需求是客户的痛点，即在目前的产品和服务上找出客户未被满足的需求（从客户的投诉中可以找到客户未被满足的需求，进行产品与服务的开发）。

隐性需求是客户的痒点，即从目前的产品和服务上挖掘没有被创造出来的需求（在目前的产品和服务上进行跨界、组合）。

核心需求是客户的尖叫点，即在目前的产品和服务上创造出未来的需求（从基于未来化、智能化、体验化、人性化的角度去挖掘客户的需求和服务）。

一支单品在市场上持续地成功，需要根据时代的发展把技术、时尚、个性不断叠加到产品、服务中。目前产品的迭代主要体现在智能化、体验化、微众化三个方面。

智能化　就是通过 WIFI、智能传感器、移动互联技术、APP 等智能化应用进行产品和服务的叠加。例如某家电品牌电饭煲，新增一块约 20 元成本的芯片，通过远程控制技术实现提前启动，就能在市场上以高出 200 元的价格热卖。

体验化　是在目前产品和服务上增加娱乐性强的体验和互动，让客户愿意为体验和互动进行分享、传播。我们服务的丰恬蜜果将每个水果的包装盒进行重新设计后，号召用户对包装盒的每个设计进行现场验证：对硬度、美感的体验感受发布评论，对包装盒的应用场景进行拍照，并分享朋友圈，大大拉升了产品的销量。

微众化　是在基础产品上进行微众群体二次开发，例如某款品牌手机，对学生用户、蓝领用户、老年用户分别二次开发，在核心功能一致的情况下，对体验价值、尺寸、颜色进行分别设定。

（2）平台模式。就是为提供相同产品、服务的利益相关方建立价值平台。平台模式分为三种类型：抢入口、揽用户、玩竞价。

抢入口　即建立一个低门槛甚至免费的公共平台，让用户能够通过此平台进入"办事大厅"，把所需要的产品和服务在此一揽子解决。典型的模式是"360"，它凭借免费杀毒的核心价值，倡导用户安装使用，继而安装其浏览器，在浏览器上接入各行业门户、明星网站，抢占上网的入口，把流量导入各网站，网站获得流量后与 360 进行分成。

揽用户　即设定免费或较大折扣的方式，无条件或有限制条件先吸引用户加入。例如某件产品或服务售价 998 元，成本价 100 元，限量 1000

件只需 1 元购买,附加条件是关注平台或订阅号、转发某项活动等。当注册用户越来越多时,根据用户群体的数据分析,定期推荐不同公司的产品、服务,形成以点带面的平台。

玩竞价 以许诺某类用户的核心需求免费为契机,建立强大的流量,在此流量的基础上对第三产品、服务方提供竞价和排名的服务。例如百度,通过免费搜索引擎进行关键词竞价、排名。这也是商业模式中常说的 "羊毛出在牛身上,猪买单" 的做法。

(3)产业链模式。就是打通产业的各个环节,将原料、研发、生产、运输、销售、服务进行有效整合,不直接赚终端用户的利润,而是从流程优化、资源配置、效率提升上获得利润。

产业链模式需要关注的三个点:用户第一、微笑曲线、产业链控制。

用户第一 产业链分段经营的弊端是品质不能保障,用户购买成本高。用成本加毛利定价法简单计算,如果原料、研发、生产、运输、销售、服务每个环节各增加 20% 毛利,到消费者手里价格就增加 120%。如果有家企业通过打通产业链上下游后,能给消费者去掉中间 30% 的溢价,又能保证品质,就能在市场上建立核心竞争优势。如中粮集团提出 "从田间到餐桌" 的模式,就是产业链模式的最好案例。

微笑曲线 即企业紧紧围绕高附加价值的两端进行延伸,建立竞争壁垒,将附加价值低的环节进行外包。如图 3-8,微笑曲线的原则是 "别人能做给别人做,竞争对手少的选择做,自己独有的自己做"。放眼世界,整合全球!

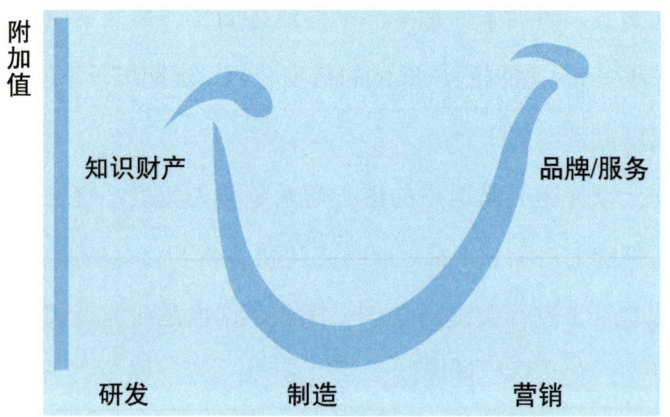

图 3-8　微笑曲线

产业链控制　细化产业链各环节，找到产业链中的瓶颈，有的在原料端，有的在技术端，有的在品牌端，有的在资金端……以最小的投入进行选择性控制，达到四两拨千金的目的。例如稀土行业，通过控制原料端来控制整个产业链。

产业链商业模式的核心在于找到产业链上的核心价值点，通过核心价值点来进行控制、整合，以达到既满足终端用户品质需求、价格需求，又能减少产业链上各商家恶性竞争的目的。

豆奶龙头企业——维维是家典型的产业链模式成功案例，其通过上下游控制，提高了利润及抗风险能力。

案例

　　维维在东北黑土地扩大豆粮种植基地，从澳洲海运回万头优良奶牛建牧场进军奶业；开发多种食品；收购枝江酒、贵州醇进军酒业；收购怡清源，进军茶饮料行业……从豆奶到食品、奶业以及酒业、茶饮料行业，维维围绕粮食产业链做深做广，实现了"从田间到餐桌"全产业链。

　　维维进军豆奶行业较早，加上营销手法得当，一举成为豆奶领域的"大哥大"。2000 年 6 月，维维借助豆奶饮料主打产品在国内 A 股市场上市。但因产品单一，于是抓住健康理念，围绕食品大行业做文章，延伸上下游以及相关细分食品业。

　　2000 年，维维进入乳业，从澳洲引进上万头纯种荷斯坦奶牛，建立自有牧场，除为豆奶提供优质奶源外，还生产高附加值的牛奶产品，推出维维天山雪活性乳、大红枣牛奶、天园生态牛奶。

　　2006 年，维维通过入主双沟酒业进入白酒产业，并相继控股枝江酒业、贵州醇酒业。

　　2008 年，维维成立豫南油脂基地，进入粮油产业。

　　2011 年，维维成立东北的绥化大豆、玉米基地等。

　　所谓"大食品"战略，是指维维当时筹划的多元化产业发展模式，包括豆奶、营养性饮料、白酒和休闲保健类食品。2012 年年底，维维大食品战略布局基本完成，食品、乳饮、粮油、白酒四大板块各自成形。

　　2013 年年末，维维以现金出资 7650 万元收购湖南省怡清源茶业有限公司51%的股权。

2014年，集团旗下维维食品饮料股份有限公司实现销售收入50.61亿元，总资产70亿元，并拥有三十多个现代化生产基地。

食品安全是全球性的重大战略问题，在健康理念的指引下，维维一直充分利用自己在大豆领域的优势，同时根据市场需要，适时提档升级，纵深延伸产品线，从"豆奶大王"到大豆产业，从大豆产业到大食品，维维目前已打通全产业链。

维维已成立东北大豆、玉米基地、信阳油脂基地、徐州万头澳洲进口奶牛养殖基地，组建了以徐州为中心的淮海经济区粮食、生产、物流中心基地。

（4）类金融模式。是除了赚取产品与服务交易利润外，额外在资金流闭环中赚取资金运作的利润，如利用应付账期、预付模式来进行资金时间的价值再造。

案例

淘宝本来是平台企业，在网络购买预先支付到支付宝，待收货成功，买家确认后费用才从支付宝转到卖家账户。即便不确认，结合物流系统的收货信息10天后交易自动成功，费用打入买家账户。

按照一般当地隔天速递抵达，这些资金可以在支付宝上停留至少1天，多则13天（按照异地3天快递抵达时间计算）。按照淘宝的交易量，这个数额就非常巨大了，但是第三方的托管资金必须在中国银行存备（一般中小企业都不会这样操作，除了支付宝）。

接着，阿里就推出了余额宝，最初为了便于在天猫商城购物支付，类似银行存款，但是，它把拟定购物的费用存入了淘宝的账户。后来，逐渐演变成类似比银行年度收益略高一些的理财产品。阿里开始做小贷公司，并推出招财宝，直接做中小企业、个人的小贷产品，并成功切入金融，推出蚂蚁金服。

事实上，阿里是类金融模式典型的代表。

我们总结、简化出类金融模式包括：众筹、基金、供应链金融、资产证券化几种。

众筹　分为产品众筹、股权众筹、复合众筹三种。

产品众筹——其实就是产品预售，在某一微众群体中创新一个产品、服务，征集该群体的设计建议。根据建议创造新产品，做出新产品的设计稿、成本预算，发布众筹方案，找到购买用户、代理商。用户、代理商提前预付全款或订金给商家，商家采购材料、组织生产，用户、代理商收货后众筹完成。

股权众筹——是股权融资的一种方式，把大额的融资切分成块，由小额投资人进行认购。成熟的股权众筹通常发生在连锁行业再开店的过程中，投资人既是投资者又是消费者，或者是经营者。

复合众筹——就是把产品众筹与股权众筹相组合，投资者 "五位一体"，即参与众筹的人既是投资者，又是研发者、经营者，还是消费者、传播者，这样的方式大大降低了研发成本、销售成本、管理成本、融资成本，还减少了资金占用。

案例

> 京东众筹项目"三个爸爸"空气净化器是由三位刚晋升为爸爸的戴赛鹰、陈海滨、宋亚南专门为孕妇和儿童打造的空气净化器，20分钟净化99%的PM2.5，30立方米实验舱国标检测中除甲醛CADR值高达119，只为做到空气极致净化，最大化地保护孕妇和儿童的健康。几个月前还没人知道的"三个爸爸"，红遍创业圈，在京东众筹1个月内筹资额度高达1122万元，比同期其他项目的最高筹资额度高出数百万元之多，中国第一个千万元级京东众筹项目就这样诞生了。
>
> 如何能让众筹活动取得成功呢？
>
> 第一，提供有突破性的产品。
>
> 三个爸爸正是在全国都被雾霾所困扰的9～10月进行的众筹活动，并且针对儿童、孕妇等弱群体对雾霾等空气污染物不耐受的特点进行了产品设计，可以说三个爸爸儿童空气净化器正抓住了母婴及京津冀地区人群的痛点。
>
> 第二，要先有第一批受众者。
>
> 三个爸爸找了7位儿科教授为产品证言，为近10位互联网界、投资界、广告界大佬，包括分众传媒江南春、创业家杂志创始人牛

文文、高榕投资张震等提供内测机试用，并成功取得了他们的信任，当然也从他们那里获得了第一笔投资。

同时，三个爸爸也为几位有孩子的影视明星送去了“内测机”，并请他们在微博上为三个爸爸证言，进一步扩大了三个爸爸的知名度。

第三，大力为筹资活动进行宣传推广。

三个爸爸除了找多位营销界、投资界及影视界的名人为三个爸爸背书及在各大楼宇广告投放分众广告以外，他们也为京东上的众筹活动准备了一揽子的社会化媒体推广计划：

1）9 月 22 日～10 月 22 日

三个爸爸微播易平台收集了一百多个母婴类、养生类、京津冀地区地域类微信订阅号，并投放了产品相关内容，如健康育儿宝典、北京微生活、天津教育等，覆盖 2500 多万的目标消费人群。

2）10 月 20 日

三个爸爸在优酷平台组织了一场题目为《决战优酷之巅——净化论》的视频论战，由三个爸爸的创始人之一——戴赛鹰与那威在视频上辩论“空气净化器是否为精神产品”。针对此次辩论，7 位投资圈与电商圈名人与大量的母婴领域名人也在自己的朋友圈里进行了分享，吸引了大量潜在消费人群前往观战，进一步加大了对产品的详细曝光。

经过了这一揽子全方位的传播轰炸，一个千万元级别的众筹项目诞生了！

　　基金　在企业经营过程中面对重大投入时，可以通过成立基金的方式进行融资。在我们的案例中，投资一个城市的"厨余垃圾处理厂"需要 8000 万元。经过细致的商业模式架构和财务预算，一个城市成立一支 8000 万元的基金进行操作，投资和经营分开，投资方为基金，出资占 99%，收益占 80%，运营方出资 1%，收益占 20%。此模式可以用在连锁企业的持续投入中（但基金的运作必须合规）。

　　供应链金融　即对供应链上每个环节垫资，围绕核心业务，管理上下游中小企业的资金流和物流，并把每个单元的不可控风险转变为供应链企业整体的可控风险，将风险控制在最低的金融服务。例如整车厂对于下游经销商提供供应链金融服务，经销商从整车厂拿新车需要预付资金，而经销商没有足够资金，经销商通过整车厂成立的金融服务公司以未来销售的车作为抵押借贷，经销商用贷款给整车厂付款提车，车销售后利息支付金融公司，完成一套供应链金融的操作流程。其实，类似做法可以在很多行业进行应用。

　　资产证券化　是以特定资产组合或特定现金流为支持，发行可交易证券的一种融资形式。企业可以以实物资产和无形资产为基础，发行证券或公司私募债进行融资，也可以把资本公积或未分配利润转化为产业上下游或其他挂牌企业的证券投资，从而通过投资收益来拉升公司市值。

　　对于新三板挂牌企业而言，类金融模式既可用于公司经营，又可用于资本运营。通过众筹、基金、供应链金融、资产证券化等方式给公司未来收益创造更大的潜在空间，给投资人无限想象。

（5）复合模式。单一的商业模式应用可以创造极高的利润，如果有效地进行几种商业模式的精妙组合，将形成更好的竞争优势。我们把复合商业模式简化为产品 + 类金融、平台 + 类金融、产业链 + 类金融三种模式。

案例

小米是典型的产品模式，但是，在把握产品需求时充分结合互联网推广的力量，做出了粉丝经济，采用众筹，以饥饿营销打开市场。2015 年销售 7000 万台手机，没上市就估值 450 亿美元，因为小米的用户是中学生、大学生，这是中国未来，令投资者有无限遐想。

小米开启了全球互联网抢购模式，原来的预售模式也让小米有了做类金融行业的机会。2015 年 5 月小米金融上线，推出针对小米用户的活期宝，后续进一步步入互联网金融，计划针对"米粉"们运营出系列的金融产品。小米已不再仅仅是一个"产品企业"，而是一个"平台公司"。

小米把产品模式、平台模式、类金融模式有效结合，成为经典复合模式案例，业界称这种复合模式为"小米模式"。

人人说创新，到底怎么样才算创新？今天中国的整个经济增长需要发生很大的转变，从以前的规模、体量性的增长到质量效益型的转变。其实，现在越来越多的产品卖的不是产品，而是某个产品在特定场景下解决问题的需求。所以，只有挖掘用户背后的需求，并且重新细分用户，深入到用户特定的场景里面，才能寻找到突破口。

商业模式创新有一套逻辑方法，基于"86 前"、"86 后"用户的特点，我们总结了几个原则性的不同：

"86 前"购买的动因是"安全"，"86 后"购买的动因是"喜欢"；

"86 前"注重产品"性价比"，"86 后"注重产品"体验感"；

"86 前"是"听广告的"，"86 后"是"随个性的"；

"86 前"注重公司"赚钱"，"86 后"注重公司"值钱"。

我们通过使用如下的简单模型，并相互组合，发现商业模式创新点（见表 3-3）：

表 3-3 商业模式创新发现模型

	痛点	痒点	尖叫点	解决方案	产品模型	营销模型	盈利模型	资本模型
用户								
同业								
上游								
下游								
相关联方								

如表 3-3 所示，第一步：确定用户，确定用户后，罗列用户的"痛点"、"痒点"、"尖叫点"各是什么，把价值点提炼出来。

第二步：在"解决方案"一栏填写"痛点"、"痒点"、"尖叫点"的解决方案。

第三步：对比解决方案设计出相应的产品功能，把产品功能和体验价值写入"产品模型"一栏。

第四步：对比产品模型设计出营销渠道、推广方式，写入"营销模型"一栏。

第五步：把产品的盈利点分项列入"盈利模型"一栏。

第六步：把采用的类金融模式，如众筹或基金、供应链金融、资产证券化列入"资本模型"一栏。

在同业、上游、下游、相关联方的对应栏里，按如上步骤分别填写，以此作为商业模式创新的组合参考。

当该表列出后，结合企业优势再确定用产品模式还是平台模式，又或类金融模式，抑或是复合模式。移动互联网时代单一的模式已经无法支撑企业的长期发展，"跨界打劫"[13]、"屌丝逆袭"[14] 将成为常态，未来各行各业将全面进入共享经济时代。

共享经济又称"分享经济"，是一个新的名词，是结合互联网催生的新的产业。一如凯文·凯利强调：共享经济的未来，访问权优于所有权，将实体产品服务化，并通过分享得到价值的极大提升。共享经济同样也可作为模式创新的参考，体现在销售流程创新或改善上。知识（例如知乎）、实物（例如 Uber、嘀嗒拼车、小猪短租）、技能都可以分享，并且进一步细分客户：同样做房屋共享，DogVacay 只做狗的生意；而 Wheelz 则面向大学生这一消费群体。类似的趋势在中国迅速出现，企业家可以在现有的

---

[13] 跨界打劫：就是在相同客户群体的不同产品、服务之间进行差价补贴或免费，如乐视网跨界打劫智能硬件厂商，让智能硬件以成本价销售，但通过收乐视视频会员费赚取利润。

[14] 屌丝逆袭：选择目前购买力不足的年轻群体进行消费补贴的市场培育，从而形成巨大注册用户和市场规模，然后进一步扩充产品、服务品类，例如团购网模式。

客户资源、服务模式上结合移动互联网进行思考，从中寻找创新点和改善点，就会带来一个新的商业模式。

以前文我们为某新三板挂牌企业进行商业模式创新的项目为例，A公司本是一家打印耗材的批发商，我们为其设计了"打印耗材的再制造"，并增加"耗材资源回收"、"O2O互联网+"概念，其复合商业模式设计思路如下：

加工业的特点：上游产业高度集中，中游趋于分散，到了下游就高度分散了；而资源再生业刚好相反，上游面对千家万户高度分散，中游趋于集中，开始分类，下游高度集中，各种回收物质分门别类送往相应的工厂。

任何行业越分散越难以经营，越集中越容易经营。加工业最容易经营的是上游，往往上游都被垄断，而资源再生业最难的经营是上游。所以，加工业谁控制了下游谁有话语权，而资源再生业谁控制了上游（即回收的渠道），谁在产业里就拥有话语权。方向明确了，就可以利用市值管理九大模块着手改造企业的商业模式。

商业模式改造一，结合当地政府政策建立再制造产业基地，把工厂打造成示范基地，充分利用政府税收优惠。

商业模式改造二，打造以旧换新的网络平台，即O2O互联网+，回收废品控制原料，建立大数据信息管理系统。

商业模式改造三，提供智能化办公解决方案，以租代购锁定客户，建立打印服务管理生态圈。锁定大客户，把销售渠道垄断了，也把回收的渠道垄断了。

　　用三个改造解决渠道和原料、客户和模式以及服务和市场的问题（见图 3-9）。

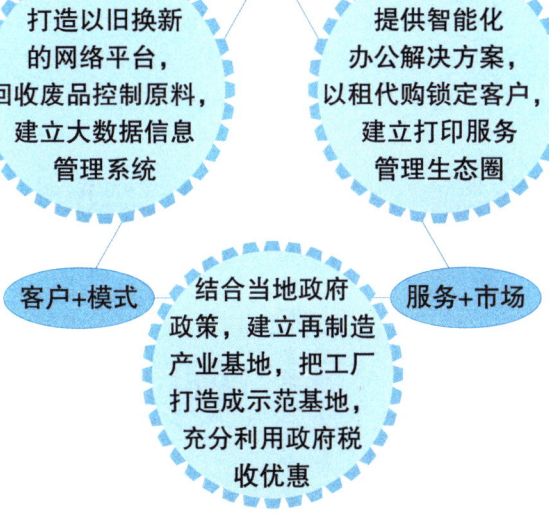

图 3-9　打造再制造工程三大板块

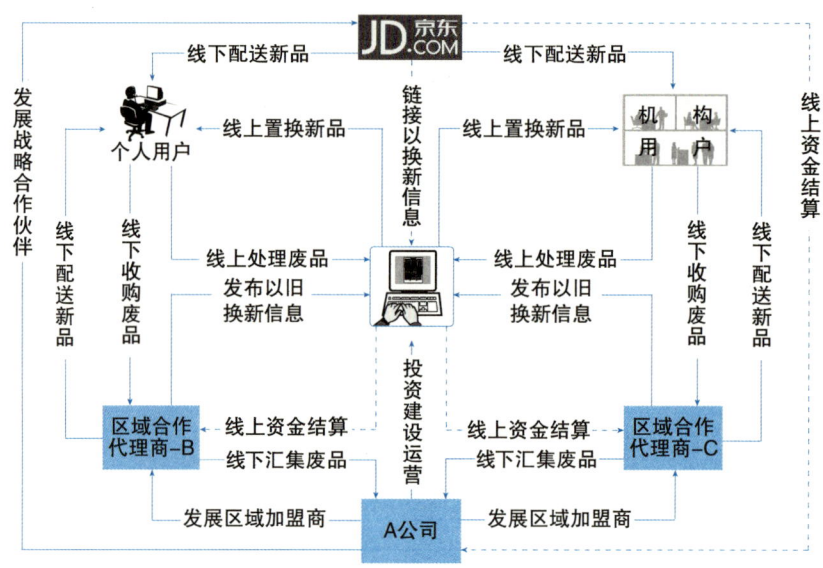

图 3-10　以旧换新的物联网示意图

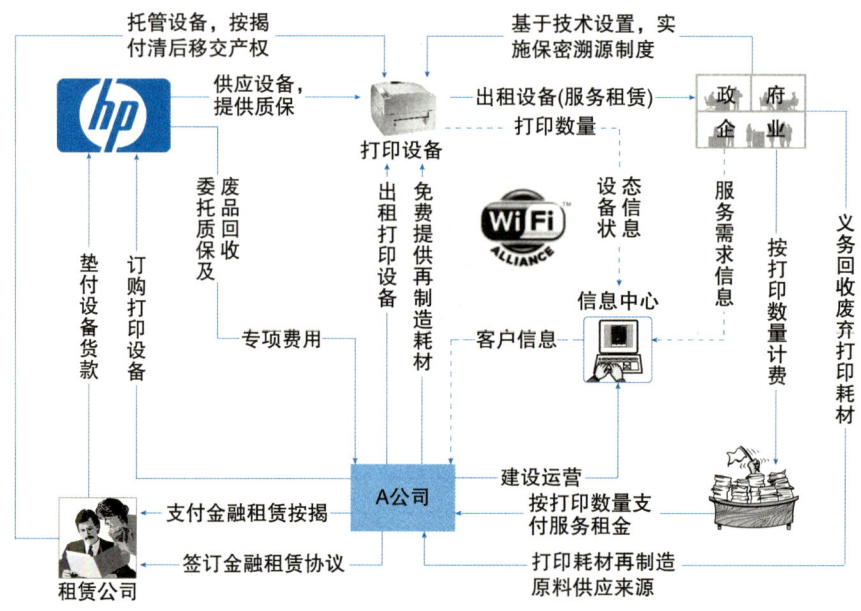

图 3-11　智能化办公整体解决方案示意图

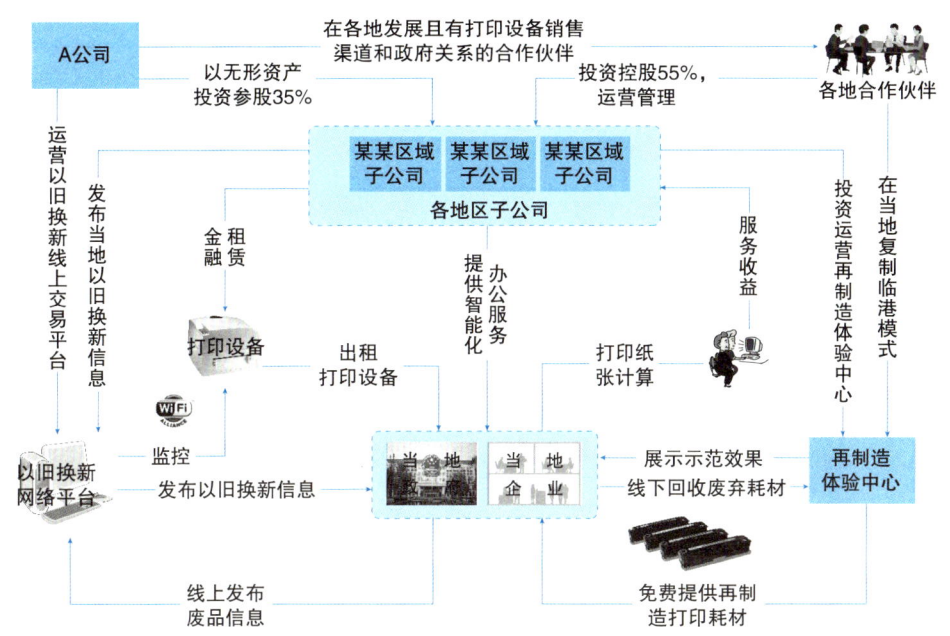

图 3-12 A公司商业模式示意图

该案例中我们既实现了以用户为核心的"多快好省",又明确了利益相关者的交易结构。我们对于新三板企业提供的市值管理服务是综合性的解决方案,不仅包括产品创新、商业模式创新,所有一系列针对企业独特情况的市值管理意见都会列出。

新三板的挂牌企业里也有类似的案例,在细分市场里进一步定位并在当下获得认可,比如凯立德。

案例

凯立德（股票代码430618）挂牌时间：2014年1月24日。2014年第4季度，凯立德连续完成四轮定增，合计融资3.08亿元，吸引了小米、华融证券、中国平安、海通开元投资、国科创投五家重量级战略投资者。

2014年12月31日起，公司由协议转让变更为做市转让方式，华融、中信、海通、光大、天风等5家券商成为凯立德的做市商，车联网第一股开启资本市场新纪元。

凯立德最早是做地图和导航的，和高德是同一批的，2012年IPO停了这一业务，做了三块新业务：车联网、智能硬件、移动端，形成了围绕车的产业链。车联网有两块，一个是私家车的车联网，第二个是物流货运车联网。凯立德做货运车联网三年多了，做货运导航地图，提供查车地方，停靠就餐的位置，进出市区的时间、路线，解决了货车司机的很多需求。

其次，车联网计划延伸到货车司机的社交需求。货车司机背后有海量的小物流公司，包括个体户，有大量的挂靠车和挂靠的司机。很多时候是现金交易，缺乏规范以及验证，风险难以控制。提供一个针对司机的货运物流车联网，包括车队管理，可以跟踪位置、货物，计算油耗等。

凯立德用户定位清晰，从细分市场的用户出发，围绕其"痛点"、"痒点"、"尖叫点"打造了车联网。凯立德在电子地图资源、车联网、汽车智能硬件及移动互联网业务等多个新兴领域的发展前景，令业内人士广泛看好，受到资本市场极大关注和追捧。

综上所述，一家新三板企业如何设置自己的商业模式，必须基于公司的定位，从定位服务的用户入手，找到用户的"痛点、痒点、尖叫点"，并结构化"尖叫点"的解决方案，以"体验感，参与感，易用性"为准则，做出爆款的产品，然后通过"强关系圈层[15]或弱关系非线性[16]"营销的移动互联网新手段推出产品，根据产品特性设置"屌丝逆袭"或"跨界打劫"的盈利模型，再用"众筹、类金融、产业链金融、有限合伙"等一系列资本模型达成"钱赚3次"的顶级商业模式。

3. 收购兼并重组

在挂牌企业市值管理中，除了战略定位、商业模式创新能为市值带来溢价以外，还可以通过收购、兼并、重组获得发展优势，为企业市值增长带来极大的利好。

传统的收购兼并重组有横向并购、纵向并购、反向并购之分，方式不是目的，结果才是目的。对于新三板挂牌企业而言，重要的是明确收购兼并重组的目的。新三板可以不断增发股票置换现金或股权，有利于实施收购兼并重组，进而实现如下四个目标：建优势、并利润、投未来、玩跨界。

建优势　挂牌企业可与"新三板价值排行榜"中的标杆企业进行对比，找出优势与差距，然后放大优势、缩短差距。所需要的资源除了依靠自身努力加强外，也可通过收购、兼并获得，例如可收购销售渠道公司、其他

---

[15] 强关系圈层营销：需要通过认识、沟通、接受的关系流程，更多是在熟人间产生的销售行为。
[16] 弱关系非线性营销：基于移动互联网，微众客体根据自己的"喜好"进行无直接关系的购买行为。

区域的同业或直接收购竞争对手，通过增加市场占有率，建立企业核心优势；缺乏研发和技术优势的企业，可以通过收购具有行业内具有核心技术、有专利的公司，来建立研发和技术优势，也可从众筹网上找一些同业小项目、小公司进行收购，以减少自己在研发、技术、团队上的投入。

并利润　利润的持续增长对市值管理至关重要，在每年定增 25% 的额度中，可安排一部分定增份额专门并购"利润"，在同行业或相邻行业中找利润高未挂牌企业进行并购，并购 51% 即可全额合并报表，投入小、收益大。被收购的企业原股东既可部分变现，又能继续经营企业，谈判相对容易。

投未来　公司战略目标明确后，针对未来企业发展路径上需要的核心资源进行收购、兼并。投未来是企业的战略布局。选择标的的未来性越强，就会给投资人更多的想象空间。战略投资就是忽然出招，这对于市值增值推动很大。

玩跨界　目前很多传统企业的传统业务遇到巨大的挑战，新三板挂牌企业除了做好主营业务以外，基于移动互联网时代的行业巨变，还可以提前收购或兼并一些新兴产业或先进技术企业，为创造新题材，转换行业，提高市盈率做充分准备。目前在创业园区、孵化器有各种各样的"双创"企业举步维艰，融资受阻，挂牌企业可通过股权增发进行收购、兼并，最终完成跨界的目的。

　　蓝色光标是典型的通过并购实现市值增长的案例，可供新三板挂牌企业进行收购兼并重组时学习和借鉴。

案例

国内最大的公关公司蓝色光标（股票代码300058.SZ），希望未来能够成为一家世界级的传播集团。通过两年的精心布局率先发力，2014年收购并参股众多公司，与近30家公司建立了股权合作。今年蓝色光标更是一举揽入了移动广告第一阵营的多盟（Domob）与亿动（Madhouse），并引入战略投资者联想和京东。

公关行业是典型的小、散、乱、弱行业，蓝色光标是行业中唯一的上市公司。行业内的竞争对手短期内都无法实现IPO，蓝色光标便成为了这个行业并购市场中购买力最强的买方。由于卖方市场供应充分，蓝色光标在并购中处于强势地位。

蓝色光标在2014年度净利润同比大幅增长55%～70%。作为一家早期以公关业务为核心竞争力的传媒公司，仅靠25%左右的内生业务增速显然不能维持其净利润的高速增长。近两年来蓝色光标在行业内外的并购项目数量高达30多个，频频并购助力其业绩大涨、市值飙升。

蓝色光标在2016年将继续寻求业务的高速增长，通过并购等将盘子做大，希望保持40%～50%的收益，且未来会大力投入海外市场。

蓝色光标的发展历程，大致可以划为两个阶段：

第一个阶段是从公司成立到2010年上市，作为一家纯粹的公关服务企业，它更多的是通过平面媒体、电视等传统渠道做推广。

第二个阶段是从2010年创业板上市至今。它开始按照既定战略实施并购。当时A股市场上很少有公司将并购作为自己的核心成长模式，蓝色光标开创了先河，因此获得快速成长。4 年间，其公司收入和利润增长 10 倍，市值增长 7 倍，逐渐从一家单纯的公关公司壮大成为一个现代化的传播集团，并走出了国门，目前在英国、美国和亚洲都有布局。

蓝色光标本是行业中的中小企业，通过并购快速成为细分行业的龙头，目前市盈率 103.5 倍，总市值 272 亿元。虽然现在其利润下滑，但是，依然有投资机构新入。最近 1 年内机构评级都是买入，目前有 40 家机构入股，23 家机构增持，这都表明了投资者对它未来坚定的信心。

当然，这也与其行业特性相关，传媒的巨头很多是通过并购发展壮大的。比如世界 500 强中的大型传播集团 WPP 就是主要依靠并购成长起来的，并在过去 30 年里取得了超常规的增长，打破了所谓的行业天花板。但就其并购目的而言，它符合了我们所提到的四个目标，并确实为市值带来了增长。

新三板市场是中国企业的连接器，承上启下，空间无限。A 股企业看着新三板，新三板看着"双创"，标的的选择就是"村姑变公主"最重要的环节。"产品运营稳，资本营运做强做大"。做好新三板收购兼并重组，是董事长的重点工作。小微企业靠上市实现梦想，新三板企业靠帮助别人实现梦想而成就自己的梦想！

在打造企业"市梦率"的"科幻小说"里，我们必须学习一下国外上市企业。Facebook 发布了一个目标——"让地球上的 WiFi 免费而且无死角"。打通人们与互联网、移动互联网入口的人，将会是全球的电信网络运营商。为了这样的概念，需要 500 架太阳能的无人驾驶飞机，1 年半返回修复一次。虽然目前只有一架原型机，但也为此做了几轮定增。同时为了稳定投资人的信心，这毕竟太像科幻小说的场景，Facebook 不时会对外公布其太阳能无人机的进展，如下是其发布的内容，令人充满无限想象与信心。

案例

　　已经将三分之一的地球人口变成注册用户的社交网络 Facebook，正推进全球无死角 WiFi 概念。Facebook 计划利用太阳能无人机搭载的激光设备帮助全球更多人联网。

　　同时，Facebook 无时无刻不在对外公布着他们未来战略的进展，例如有关其太阳能无人机 Aquila 的诸多细节。

　　140 英尺（约 43 米）：这是 Facebook 太阳能无人机 Aquila 的翼展长度，与波音 737 客机相仿。

　　6 万到 9 万英尺（18288 米到 27432 米）：这是 Aquila 在空中的飞行高度。Aquila 以太阳能为动力，一次性可在空中停留 3 个月时间。每天，当飞机上的太阳能电池充电时，它就会上升到 27432 米的高空，随后缓慢降低到 18288 米位置以节约能源，周而复始。

　　880 磅（约 400 千克）：这是 Aquila 的总重量，还不到丰田普锐斯汽车体重的 1/3。据 Facebook 称，Aquila 使用碳纤维制造以减轻重量。

　　3G：这是 Facebook 希望通过其无人机向大多数人提供的 "网络

质量"。Facebook 还希望在可能的情况下，提供 4G 或 LTE 网络。

华氏 70 度（21.1 摄氏度）：这是 Aquila 所在飞行高度的温度。Facebook 的飞行高度比商业飞机略高，希望以此避过拥堵航道和天气恶劣的问题。此外，这种海拔高度还可以帮助多架无人机之间保持通信联系。

50 英里（80 公里）：这是 Facebook 每架无人机 WiFi 所能覆盖的联网半径。

1：截止到目前为止，Facebook 只建造了一架 Aquila 原型机。最终，Facebook 将建造 Aquila 编队。

0：实际上，世界上还没有人乘坐 Aquila 飞行过。这是一种无人机，操作员在地面上就可控制它。

25 亿：Facebook 估计，目前全球依然有 25 亿人没有使用移动网络。

Facebook 最近开始招兵买马，为无人机的研发、制造、运行等做好人力资源准备。

"科幻小说"由三部分组成，首先是企业战略定位，明确公司未来的发展方向和高度；其次是商业模式创新，为企业未来的盈利能力铺设好"管道"；第三是收购兼并重组，既保证利润持续增长，又为未来发展创造成功条件。

但是，对于大多数新三板的挂牌企业而言，当下除了需要描述一部"科幻小说"外，更重要的是实现业绩指标和实现业绩指标需要的条件建设，做到"真才实学"。

夯实"真才实学"——构建"市盈率"

现在的新三板挂牌企业，严格来说不能算纯粹的上市公司，有很多值得改进、提升的空间，需要企业家用脑思考、结合分析工具，让企业真正具有"真才实学"，也就是构建当下的"市盈率"，这与当下的管理水平直接相关。首先运营流程清晰、管理能效高才能做出利润；好的流程需要好的团队来执行，要留住核心人才，调动全员积极性就要实现股权激励，要把5年、10年的财务预算、收益及现金流的各种报表进行有效地呈现。

来自证监会的高官曾在会议上表示，新三板建设坚持"三不"原则，即不以转板为目的、不降低投资者门槛、不追求交易活跃度。坚持资本市场服务实体经济。中小板、创业板都存在三年魔咒，即第三年大面积造假问题。这意味着更应该把当下的重点首先放到企业的"真才实学"上。

我们把"真才实学"部分概括为三大模块：运营流程再造、财务模型呈现、团队激励设计。

1. 运营流程再造

习近平总书记在一次会议上专门强调了网络信息是跨国界流动的，信息流引领技术流、资金流、人才流，信息资源日益成为重要的生产要素和社会财富。

运营流程再造的核心是提升效能、降低成本。根据"10-8=2[17]"的盈利模型，如果在收入不变的情况下，减去管理成本和营销成本，毛利润会大幅度提升。一些行业已通过信息技术去掉中间商、业务员、大部分广告投入，甚至用众筹去掉研发团队，实现了营销成本、管理成本、研发成本最小化。

在企业转型升级的时代背景中，谁先将信息流、资金流、物资流、人才流融合在一起，并应用移动互联网技术与智能终端相连接，就会成为企业的核心竞争力。以下是我们为某大型餐饮集团设计的运营管理架构重组，打造服务平台的案例：

案例

某大型餐饮集团有员工三千余人，总部管理团队三百余人，每个门店报各种计划到集团审批，审批后再到各门店执行，运营流程不顺畅，管理成本居高不下。通过对其信息流、资金流、物资流、人才流的重新梳理，总部减员到100人，各门店实行承包自主经营，年管理成本下降3000万元，大大提高了企业的盈利能力和效率。

该餐饮集团首先指定原材料提供的公司——绿色田园公司进行托管，打造网络信息中心管理信息流、财务结算中心管理资金流、采购物流中心管理物资流、职业培训中心管理人才流、中央加工厨房配合绿色田园公司完成半成品加工。

---

[17] 10-8=2，10代表收入，8代表成本，2代表利润。

同时，集团运营中心实现管理层持股计划，放权承包给下属各门店管理团队进行经营（见图3-13）。

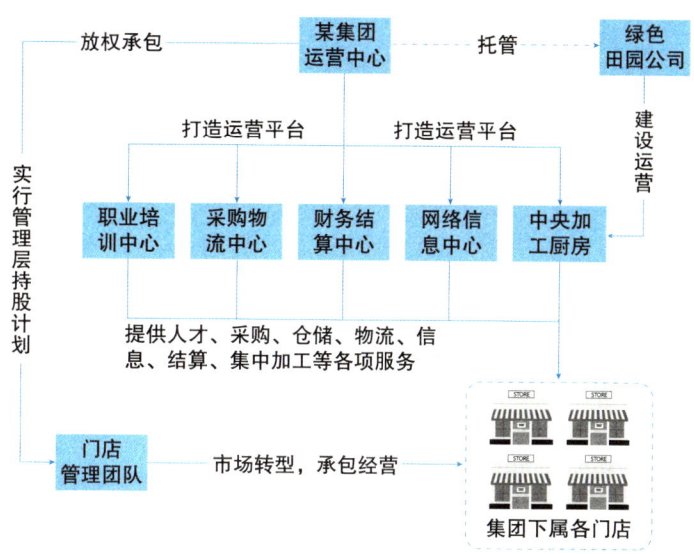

图3-13 某集团运营中心结构框架示意图（1）

集团通过建设信息中心，为各门店提供网络订餐、网页维护、ERP 维护服务。各门店上传物料、劳力、资金、服务需求信息给信息中心，信息中心再把这些信息传回集团运营中心，再由集团运营中心进行分类，把资金信息传给财务结算中心，把人才信息传给培训中心，把物资信息传给采购中心。

采购中心执行采购流程进行统一配送，中央厨房集中批量加工将半成品送至门店，所有的结算统一由结算中心对接，培训中心根据集团运营中心提供的人才信息需求为各门店提供人才及劳力。整体做到集中采购、集中收储、集中加工、集中结算（见图3-14）。

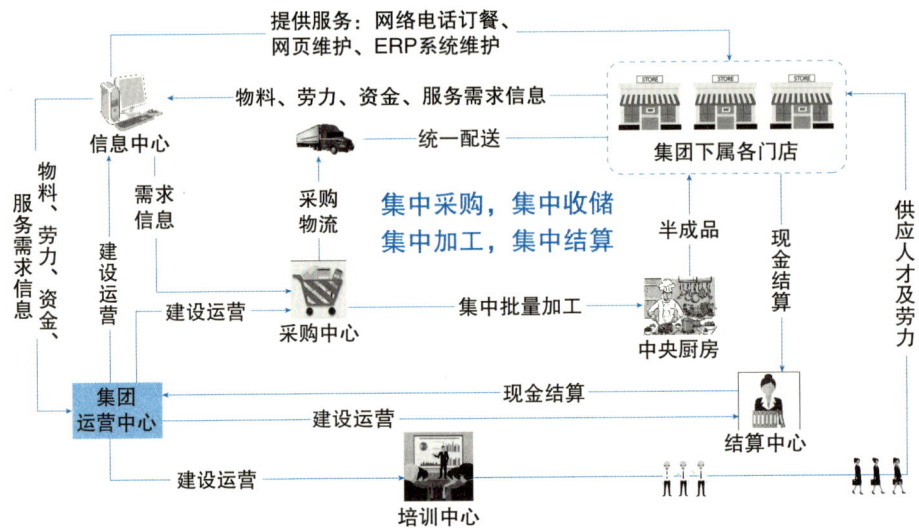

图3-14　某集团运营中心结构框架示意图（2）

信息流　信息流包括营销流程、服务流程、反馈流程。

营销流程——现在最智能化的营销流程是通过在"今日头条"上发布一篇图文并茂的软文，链接APP下载入口或二维码，直接进入到APP或微信公众账号，通过赠送积分或抽奖吸引注册，继而让用户进一步了解产品和服务，选择所需要的产品和服务直接下单付款。商家确认购买后发货或提供服务，用户接受产品和服务后确认，交易完成。从此建立了商家与用户间的直接通道，当商家有新产品或服务时，直接推送用户，用户选择是否二次购买。

随着营销手段和支付手段、物流递送的日新月异，"所见即所得"的营销模式随处可见。假设在浏览网页时看到一个心动的物品，甚至包括电子类内容，只需要扫描二维码即可完成支付，完成购买操作仅1分钟即可。褚橙把二维码贴在每一个橙子上，当觉得好吃想分享给其他人时，只需一扫二维码，二次销售或转介绍即刻完成，去掉了大量的营销人员和代理商，自然降低了企业的成本。

服务流程——随着信息和企业管理技术的高度发达，商家预先把客户可能会遇到的所有问题罗列并梳理分类，预先设计好不同的处理方案，公布或利用软件、网页、电话系统对这些问题进行用户自助查询与解决，大大降低了企业服务成本。这样的方式在银行的金融服务、移动通信的问题解决中已随处可见。

反馈流程——在用户使用产品和服务的过程中，遇到问题随时随地可反馈给商家。商家根据客户的投诉和合理化意见进行数据分析，再次改良、研发新产品和新服务，完成升级、迭代后的新产品、新服务首先推荐给这些积极互动、反馈的用户进行测试，继而根据再次的反馈改良产品与服务，最终把和部分用户一起创造的产品、服务推向市场。

案例

在年轻人普遍喜欢宅在家里，通过社交网络和朋友联系的时代，依托日益繁荣的网络平台，北京一家网上烤鸭店"叫只鸭子"应运而生。

"叫只鸭子"成立的第一年，平均每天可以卖掉200只烤鸭，流水每月70万元，每天营业到凌晨3点，满足了一些人很晚吃饭的需求。

该店的烤鸭不同于传统的北京烤鸭，不需要脆皮和蘸酱而可以直接食用。高档的包装袋和可循环利用的餐盒，在配送时还会赠送土豪双黄鸭蛋以及小黄鸭造型的香皂，每只鸭子的吊牌上还有"供吃鸭后一乐"的俏皮段子。由于超出预期的满意，客户非常乐意分享他们在这家餐馆的体验。

几乎所有的订单来自微博、微信等社交平台。和顾客保持良好关系，70%以上的订单来自回头客。顾客可以付现金或者通过支付宝付款，目前微信订单占60%～70%，还有微博私信、贴吧私信、电话预定。每天接近200单左右。

没有做任何付费广告宣传，这家网上烤鸭店找到了其他方式吸引顾客，比如送餐员佩戴谷歌眼镜，开酷炫的Mini Cooper车配送，为顾客的第一印象拍照并且分享到网上。

随着大量不同功能的社交软件，如微信、陌陌、钉钉等被广泛应用，企业与客户的接触点大大增加，网商的出现为商家拓宽产品销售渠道又增加了新的可能性。国家目前对于微信三级分销系统的认可，大大促进了有创意产品的传播和销售。利用信息流不断触发可能的购买需求，完成自动运营的销售系统。

目前远程会议、远程监控被广泛利用，适当投入相关设备可以大大降低差旅和现场管理费用。

资金流　要完成如上自运营的销售系统，需要打通资金流，资金流包含支付系统、结算系统、资金池。

支付系统——完善支付系统是提升资金效率的重要手段，也是满足用户体验的法宝，当用户购买一件产品和服务时，满足其"即刻拥有"的消费心理，是促成二次销售的重要动因。目前的支付方式经历了银行卡、支付宝、微信支付、二维码支付四代，第五代支付手段以生物活体支付为代表，其中静脉识别支付即将推出市场，无需携带银行卡、手机，不需要输入繁锁的账号、密码，扫描静脉即可完成。谁先运用先进、安全、便捷的支付手段，谁就拥有了最好的客户体验感。

结算系统——结算系统包括对内、对外全部预结算系统的完美对接，即销售行为产生时直接转化为财务数据，并即刻做到内部、外部各环节、各部门、各相关利益方的结算，通过对时间、比例、指标的设定，系统直接进行数据分析并立刻提供相应决策所需的数据参考。目前预结算系统的设定由专业的软件公司参与设计。一套完备的结算系统将大大提升管理效率、降低财务成本，甚至可以转化成本、创造利润。

资金池——通过结算系统设定的时间差，利用收入与支出的中间时段，可形成强大的资金池。资金池的资金来源有分、子公司的资金汇集、销售款项的预收等。除了备用金以外，公司所有的资金全部统一集中，一方面便于安全性管理，同时也可把资金和金融机构进行对接，赚取财富。

资金流的自运营系统是一家企业管理成熟的标志，不仅能提高企业的管理效率，同时对为投资人建立投资信心而言至关重要。

物资流 随着互联网、物联网技术的不断发展，物资流的便捷为商品流通提供了前所未有的运转效率。物资流的方式主要有自营和外包，中国目前发达的物流体系可以支撑企业几乎所有的物流配送，外包给一家物流公司长期合作是不二的选择。

人才流 企业与企业的竞争最终还是人才的竞争。随着企业对职业化程度的要求不断增强，建立一套可持续招聘、培养、输出人才的流程、制度，对一家新三板挂牌企业尤为重要。风险投资最看重企业的行业、商业模式、经营团队，企业的战略和商业模式需要可持续的团队发展来支撑，团队内部的每个个体也需要职业发展规划，"梦幻团队"是市值管理重要的组成部分。打造一支"梦幻团队"需要建立人才流的机制，人才流的机制包括招聘、培训、上岗、事业合伙人计划。

招聘最好的方法就是和对口专业或当地院校形成紧密合作，一方面可以获得就业补贴，一方面在良好的培训体系下，能用较低成本获得企业需要的人才。

内部培训体系的建设是培养人才、留住人才的秘密武器，所有成功的组织都离不开完善的培训体系。新三板挂牌企业在路演中往往只说营业目标、利润，几乎不提内部培训体系的建设，对投资人而言长效的人才培养机制是支撑营业目标、利润的隐性条件。

随着中国福利制度的进一步完善，员工上岗的方式既体现了企业管理的水平，也体现了企业的文化。华为所有的员工上岗前三个月必须在基层工作，让每个人接触用户、了解用户，同时也熟悉运营流程、体验公司文化，做到有效筛选。

员工上岗后，好的晋升通道将不断发挥员工的积极性和创造性，当工龄、岗位、职位到达一定评级时，必须启动事业合伙人计划。本内容将在"团队激励设计"中进一步阐述。

新三板挂牌企业经营中的运营流程再造是迈向更高市值的必要条件，是企业的"真才实学"。一家内部管理夯实的企业会给投资人带来更多安全感和吸引力，也为主营业务利润目标的实现奠定了坚实的基础。

2. 财务模型呈现

财务模型呈现的核心意义是让投资人对公司的未来"看得见"、"说得通"、"有参照"。很多路演不能立即获得资金、高估值，除了题材和故事没有讲好外，最主要的就是因为没有规范、清晰的财务数据供投资人理性分析。成交需要经历感性、理性、欣赏三个阶段（参阅施淇丰所著《决不销售》一书），讲题材和故事是感性的部分，讲数据和条件是理性的部分。

财务模型呈现包括财务预算、数据分析、投资收益、市值管理四个部分。

首先是财务预算，当投资人听完"科幻小说"后，会希望看到清晰的预算分析报告。比如投资预算、销售预测，要包括 5 年损益、5 年现金流，价格与收入预期、利润等，要把增长 20% 以及持续增长 20% 的财务模型测算给投资人，包括财务预测的问题，预测的现金流能否支撑团队的运作，需要告知投资者。

以下是我们为客户设计的项目投入产出基础数据模型：

（1）项目投入产出基础数据

表 3-4　项目投入产出基础数据表

自变量数据	变量值	变化率	调整值	因变量数据	因变量	变化率	基准值
连锁店平均营业面积（平方米）	500	100%	500	每个连锁店投资预算（元/店）	1,500,000	100%	1,500,000
单店每平方米月均租金（元/月）	60.00	100%	60.00	众筹股东人均投资额（元/人）	15,000	100%	15,000
每个连锁店员工人数（人数）	20	100%	20	五年规划发展连锁店数量（店）	315	100%	315
员工平均基本工资（元/月）	3,000	100%	3,000	每个连锁店日均经营收入（元/日）	16,900	100%	16,900
众筹股东人数限定（人/店）	45	100%	45	每个连锁店月均经营收入（元/月）	507,000	100%	507,000
众筹股东股权比例限定（%）	45%	100%	45%	每个连锁店年均经营收入（元/年）	6,084,000	100%	6,084,000
早餐平均就餐人数（人/日）	200	100%	200	每个连锁店日均净利润（元/日）	2,561	100%	2,561
午餐平均就餐人数（人/日）	500	100%	500	每个连锁店月均净利润（元/月）	76,843	100%	76,843
晚餐平均就餐人数（人/日）	300	100%	300	每个连锁店年均净利润（元/年）	922,119	100%	922,119

续表

自变量数据	变量值	变化率	调整值	因变量数据	因变量	变化率	基准值
早餐人均消费额（元／餐）	12.00	100%	12.00	每个连锁店平均净利润率（%）	15.16%	100%	15.2%
午餐人均消费额（元／餐）	15.00	100%	15.00	连锁店单店五年收入总计（万元）	4,109	100%	4,109
晚餐人均消费额（元／餐）	20.00	100%	20.00	连锁店单店五年利润总计（万元）	614	100%	614
非主营业务平均收入（元／日）	1,000	100%	1,000	众筹股东年度最低分红额（元／人）	7,172.04	100%	7,172.04
原料耗材成本所占比重（%）	50%	100%	50%	众筹股东每月人均分红额（元／人）	597.67	100%	597.67
水电燃料成本所占比重（%）	6.8%	100%	6.8%	众筹股东年均投资收益率（%）	47.8%	100%	47.8%
员工业绩工资提成比例（%）	1.5%	100%	1.5%	连锁网络五年总投资额（万元）	47,250	100%	47,250
门店经理业绩提成比例（%）	12%	100%	12%	连锁网络五年经营总收入（万元）	443,225	100%	443,225
资本公积金提成比例（%）	10%	100%	10%	连锁网络五年净利润总计（万元）	58,253	100%	58,253
每月固定成本管理费用（元）	12,000	100%	12,000	单店客户人数盈亏点（人／日）	598	100%	598

续表

自变量数据	变量值	变化率	调整值	因变量数据	因变量	变化率	基准值
管理费用年均增长率（%）	5%	100%	5%	客户人均消费额盈亏点（元/人）	13.62	100%	13.62
连锁店数量年均增幅（%）	100%	100%	100%	单店五年财务净现值（万元）	252	100%	252
发起股东管理股比例（%）	10%	100%	10%	单店投资回收期（年）	1.2	100%	1.2

（2）连锁店单店投资预算

表3-5　连锁店单店投资预算表

投资项目	说明	单位	数量	单价	投资额	比重
店铺房租	预交半年房租	元/月/平方米	500	60.00	180,000	12%
餐厅装修	包括空调、灯饰、炉灶、装饰品	元/平方米	500	1,200.00	600,000	40%
家具餐具	桌椅、器皿	元/台			100,000	6.67%
厨用设备	冷藏柜、消毒柜、热水器、净水器	元/台			300,000	20%
运输设备	客货两用面包车	元/台	1	100,000	100,000	6.67%
办公设备	计算机、收银机、电话、复印机等	元/台			30,000	2%

续表

投资项目	说明	单位	数量	单价	投资额	比重
小型易耗品	包装材料及洁具、用具	元／套			5,000	0.33%
员工工资	预算一个月员工工资（筹备培训期）	元／人	20	3,000	60,000	4%
铺底资金	开办费、采购货款、不可预见费	元／套			50,000	3.33%
不可预见费	可作为众筹的服务费用	元			75,000	5%
单店投资合计					1,500,000	100%

（3）连锁店单店投入产出预测（第一年）

表3-6　连锁店第一年单店投入产出预测表

项目	说明	单位	数量	单价	日均收支	月均收支	年均收支	比率
销售收入			1,000	15.90	16,900	507,000	6,084,000	100%
早餐销售收入	数量＝就餐人数，单价＝人均消费额	元／人	200	12.00	2,400	72,000	864,000	14.2%
午餐销售收入	数量＝就餐人数，单价＝人均消费额	元／人	500	15.00	7,500	225,000	2,700,000	44.38%

续表

项目	说明	单位	数量	单价	日均收支	月均收支	年均收支	比率
晚餐销售收入	数量＝就餐人数，单价＝人均消费额	元／人	300	20.00	6,000	180,000	2,160,000	35.5%
非主营业务收入	广告收入，代销业务收入等	元／人			1,000	30,000	360,000	5.92%
变动成本				10.22	10,216	306,483	3,677,796	63.9%
原料成本	食材、调料、易耗品、包装材料等	元／人	50%	7.95	7,950	238,500	2,862,000	50%
能源成本	水、电、天然气费用	元／人	6.8%	1.08	1,081	32,436	389,232	6.8%
销售费用	员工绩效工资，按业绩发放	元／人	1.5%	0.24	239	7,155	85,860	1.5%
营业税金	营业税＋城市建设、教育附加费	元／人	5.6%	0.95	946	28,392	340,704	5.6%
固定成本					3,400	102,000	1,224,000	20.12%
店铺租金	租金半年付，逐月逐日摊销	元／平方米	500	60.00	1,000	30,000	360,000	5.92%
员工工资	基本工资月薪含五险一金	元／人	20	3,000	2,000	60,000	720,000	11.83%
行政费用	通信、交通、易耗品等	元／月	12	12,000	400	12,000	144,000	2.37%
经营利润					3,284	98,517	1,182,204	15.98%
管理者提成	门店经理经营利润奖励提成	元／人	12%	0.39	394	11,822	141,864	2.33%

续表

项目	说明	单位	数量	单价	日均收支	月均收支	年均收支	比率
资本公积金	用于维护装修,提高质量及效率	元/年	10%	0.33	328	9,852	118,220	1.94%
可分配净利润				3,357.75	2,561	76,843	922,119	11.71%

注:餐厅采用合伙制,不上缴企业所得税;员工月收入=基本工资+销售提成(业绩工资)

(4)连锁店单店五年投入产出预测

表 3-7 连锁店单店五年投入产出预测数据表

投入产出项目	单位	系数	2015年	2016年	2017年	2018年	2019年	2020年	合计	比重
单店收入年增长率	店		0%	5%	5%	5%	5%	5%		
销售收入合计			608.40	637.02	667.07	698.62	731.76	766.54	4,109.41	100%
连锁店的主营收入	万元	608.40	572.40	601.02	631.07	662.62	695.76	730.54	3,893.41	94.74%

续表

投入产出项目	单位	系数	2015年	2016年	2017年	2018年	2019年	2020年	合计	比重
非主营业务收入	万元	36.00	36.00	36.00	36.00	36.00	36.00	36.00	216.00	5.26%
经营成本合计			490.18	512.57	538.20	565.11	593.37	623.03	3,322.46	80.85%
产品系列变动成本	万元	63.9%	367.78	384.05	403.25	423.42	444.59	466.82	2,489.91	60.59%
管理费用（固定成本）	万元	5%	122.40	128.52	134.95	141.69	148.78	156.22	832.55	20.26%
经营利润			118.22	124.45	128.87	133.51	138.39	143.51	786.95	19.15%
门店经理奖励提成	%	12%	14.19	14.93	15.46	16.02	16.61	17.22	94.43	2.3%
资本公积金	%	10%	11.82	12.44	12.89	13.35	13.84	14.35	78.70	1.91%
可分配利润			92.21	97.07	100.52	104.14	107.94	111.94	613.82	14.94%
普通合伙人分配额	万元	65%	59.94	63.10	65.34	67.69	70.16	72.76	398.98	9.71%

续表

投入产出项目	单位	系数	2015年	2016年	2017年	2018年	2019年	2020年	合计	比重
有限合伙人分配额	万元	35%	32.27	33.97	35.18	36.45	37.78	39.18	214.84	5.23%
有限合伙人均分配	元	45	7,172	7,550	7,818	8,100	8,396	8,706	47,742	7,957
有限合伙人利润率	%	15,000	47.81%	50.33%	52.12%	54%	55.97%	58.04%	318.28%	53.05%

注：餐厅为合伙人企业，免交企业所得税，合伙人分红之后各自缴自己的个人所得税。

（5）连锁单店五年期现金流量表

表 3-8　连锁单店五年期现金流量表（万元）

年份序列	2015年	2016年	2017年	2018年	2019年	2020年	合计
现金流入（＋）	644.40	608.40	637.02	667.07	698.62	731.76	3,987.27
连锁店的经营收入	608.40	572.40	601.02	631.07	662.62	695.76	3,771.27
其他渠道经营收入	36.00	36.00	36.00	36.00	36.00	36.00	216.00
现金流出（－）	654.37	539.33	566.11	594.02	623.32	654.09	3,631
企业股本金投资	150.00	11.82	12.44	12.89	13.35	13.84	214

续表

年份序列	2015 年	2016 年	2017 年	2018 年	2019 年	2020 年	合计
主营产品变动成本	367.78	384.05	403.25	423.42	444.59	466.82	2,490
固定成本管理费用	122.40	128.52	134.95	141.69	148.78	156.22	833
门店经理奖励提成	14.19	14.93	15.46	16.02	16.61	17.22	94
现金净流量	-9.97	69.07	70.91	73.05	75.30	77.66	356
现金净流量累计	-9.97	59.11	130.02	203.07	278.37	356.03	
现金净流量现值	-9.97	61.67	56.53	52.00	47.85	44.07	252
净流量现值累计	-9.97	51.71	108.24	160.23	208.09	252.15	

资金贴现率 =12%　　财务净现值 =252 万元
内部收益率 =695.76%　　投资回收期 =1.16 年

　　我们对该餐饮集团单店投资、单店损益、单店五年损益、单店现金流、盈亏分析、发展规划、项目五年损益、项目现金流量、股东效益、经理分成、甚至对连锁门店影响最大的房租标准也进行了测算。

　　（6）连锁店零售盈亏平衡分析

表 3-9　连锁店零售盈亏平衡分析表（元 / 天）

人均消费	客户人数	零售收入	可变成本	固定成本	毛利润	盈亏率
15.90	1,000	15,900	10,216	3,400	2,284	
15.90	598	9,511	6,111	3,400	0	59.8%
13.62	1,000	13,616	10,216	3,400	0	85.6%

人均消费	客户人数	零售收入	可变成本	固定成本	毛利润	盈亏率
15.90	1,000	15,900	10,216	5,684	0	35.7%

单位可变成本 =10.22 元／餐

客单价的最低成本是 10.22 元，低于该数额，每餐就存在亏损的潜在影响。

（7）项目连锁体系五年发展规划

表 3-10　项目连锁体系五年发展规划表

投入产出项目	单位	系数	2015 年	2016 年	2017 年	2018 年	2019 年	2020 年
连锁店新增数量	店		5	10	20	40	80	160
连锁店年均增幅	%		0%	100%	100%	100%	100%	100%
连锁店累计数量	店		5	15	35	75	155	315
连锁店增长指数	%		100%	300%	700%	1500%	3100%	6300%
连锁店年投资额	万元	150	750	1,500	3,000	6,000	12,000	24,000
连锁店投资累计	万元		750	2,250	5,250	11,250	23,250	47,250
普通合伙人投资额	万元	55%	413	825	1,650	3,300	6,600	13,200
有限合伙人投资额	万元	45%	338	675	1,350	2,700	5,400	10,800
有限合伙人总人数	人	45	225	450	900	1,800	3,600	7,200

（8）连锁体系整体五年投入产出预测

表 3-11　连锁整体五年投入产出预测

投入产出项目	单位	系数	2015年	2016年	2017年	2018年	2019年	2020年	合计	比重
连锁店累计数量	店		5	15	35	75	155	315		
销售收入合计			3,042	9,555	23,347	52,397	113,422	241,461	443,225	100%
连锁店的经营收入	万元	608.40	2,862	9,015	22,087	49,697	107,842	230,121	421,625	95.13%
其他渠道经营收入	万元	30.00	180	540	1,260	2,700	5,580	11,340	21,600	4.87%
经营成本合计			2,451	7,881	19,309	43,446	94,278	201,177	368,542	83.15%
产品系列变动成本	万元	367.78	1,839	5,761	14,114	31,756	68,911	147,047	269,428	60.79%
管理费用（固定成本）	万元	10%	612	2,121	5,195	11,690	25,367	54,129	99,113	22.36%
经营利润			591	1,674	4,038	8,951	19,144	40,285	74,683	16.85%
门店经理奖励提成	%	12%	71	201	485	1,074	2,297	4,834	8,962	2.02%

续表

投入产出项目	单位	系数	2015年	2016年	2017年	2018年	2019年	2020年	合计	比重
资本公积金	%	10%	59	167	404	895	1,914	4,028	7,468	1.68%
可分配净利润			461	1,306	3,150	6,982	14,933	31,422	58,253	13.14%

（9）项目整体五年期现金流量表

表3-12　项目整体五年期现金流量表（万元）

年份序列	2015年	2016年	2017年	2018年	2019年	2020年	合计
现金流入（＋）	3,042	9,555	23,347	52,397	113,422	241,461	443,225
连锁店的经营收入	2,862	9,015	22,087	49,697	107,842	230,121	421,625
其他渠道经营收入	180	540	1,260	2,700	5,580	11,340	21,600
现金流出（－）	3,272	9,582	22,794	50,520	108,575	230,011	424,754
企业股本金投资	750	1,500	3,000	6,000	12,000	24,000	47,250
主营产品变动成本	1,839	5,761	14,114	31,756	68,911	147,047	269,428
固定成本管理费用	612	2,121	5,195	11,690	25,367	54,129	99,113
门店经理奖励提成	71	201	485	1,074	2,297	4,834	8,962
现金净流量	-230	-27	554	1,877	4,847	11,450	18,471
现金净流量累计	-230	-257	297	2,174	7,021	18,471	
现金净流量现值	-230	-24	441	1,336	3,080	6,497	11,101

续表

年份序列	2015 年	2016 年	2017 年	2018 年	2019 年	2020 年	合计
净流量现值累计	-230	-254	187	1,523	4,604	11,101	

资金贴现率 =12%　　财务净现值 =11,101 万元
内部收益率 =199.69%　　投资回收期 =2.58 年

（10）股东投入产出效益预算

表 3-13　股东投入产出效益预算表

No.	投入产出项目	单位	数据说明	普通合伙人	有限合伙人	合计 / 平均
A	出资的比例	%	参见表 3-4 基础数据	55%	45%	100%
B	管理股比例	%	参见表 3-4 基础数据	10%	0%	10%
C	总投资金额	元	参见表 3-5	825,000	675,000	1,500,000
D	分红的比例	%	D1=A+B；D2=A-B	65%	35%	100%
E	股东的人数	人	普通合伙人最多不能超过五人	5	45	50
F	人均投资额	元	F=C/E	165,000	15,000	30,000
G	年分红总额	元	参见表 3-7	599,377	322,742	922,119
H	人均分红额	元	H=G/E	119,875	7,172	18,442
I	投资收益率	%	I=G/C	72.65%	47.81%	38.53%
J	资金贴现率	%	假设的资金机会成本	12%	12%	12%
K	投资回收期	年	基于资金成本的回收期	1.56	2.38	1.85
L	静态回收期	年	不计资金成本的回收期	1.38	2.09	1.63

（11）连锁店门店经理的工资及分成综合效益

如前面一家连锁餐饮的基础数据所述，新三板挂牌企业应该根据自己行业不同特性、业务特点，设定科学、详尽的财务模型，表3-14仅供参考。

数据分析包括成本分析、收益分析、可控分析，有了这些基础的数据模型，让投资人对企业未来有了更理性的信心。路演没有足够的时间详细展示自己，但一定要让投资者看到企业这些扎实的财务管理工作。

企业有什么样的措施来确保企业的风险可控，如何规避，如何保障，无法保障时如何补偿？机制如何，包括回购的情况与底限？如果解决了这些问题，就可能打消投资者的顾虑。这是投资人决策判断的依据之一，也是企业家谈判的底气。

市值管理的数据模型包括五年绩效及增长率的预测、市值管理步骤及效益的预测。清晰的绩效与增长预测可以让投资人看到公司的不断成长。市值管理步骤及效益可以让投资人清楚地看到每个阶段的公司净利润、市盈率、总股本、预期股价、总市值、增发股票数与比例、增发股票的市值、可控资产与控股方股权比例。这些数据预估了投资人进出的价格和收益，对投资人做投资决策起关键性作用。

表 3-14 门店经理人级差年薪数据表

门店经理人级差年薪（每增加一级工资，就降低一级分成比例）

门店经理按税前利润的分成比例	1,600	2,000	2,400	2,800	3,200	3,600	4,000	4,400	4,800	5,200	5,600	6,000	6,400
12%	161,064												
11%		154,042											
10%			147,020										
9%				139,998									
8%					132,976								
7%						125,954							
6%							118,932						
5%								111,910					
4%									104,888				
3%										97,866			
2%											90,844		
1%												83,822	
0%													76,800

每个连锁店平均毛利 =1,182,204 元　　最高分成比例 =12%　　月薪起点 =1,600.00 元

门店经理管理店数 =1　　分成比例级差 =1%　　月薪级差 =400.00 元

图 3-15 是我们服务的一家企业未来五年绩效及增长率预测：

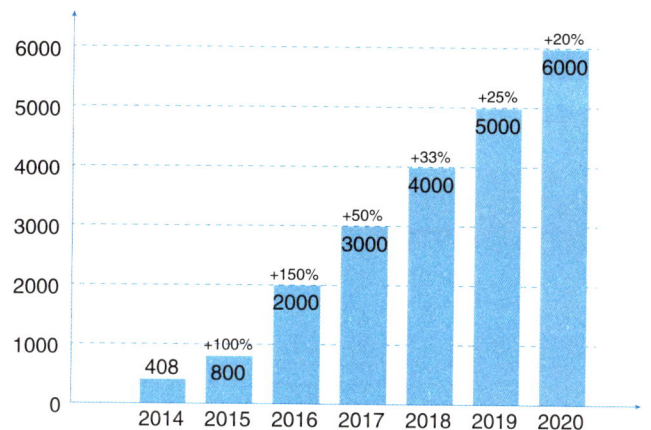

图 3-15　某企业未来五年增长率预测柱形图

表 3-15　某企业未来五年资金流量统计

年份序号	2015 年	2016 年	2017 年	2018 年	2019 年	2020 年	合计
公司净利润收入（+）	8,000,000	20,000,000	30,000,000	40,000,000	50,000,000	60,000,000	208,000,000
资产及并购投入（-）	32,000,000						32,000,000
现金净流量	-24,000,000	20,000,000	30,000,000	40,000,000	50,000,000	60,000,000	176,000,000
现金净流量累计	-24,000,000	-4,000,000	26,000,000	66,000,000	116,000,000	176,000,000	

续表

年份 序号	2015 年	2016 年	2017 年	2018 年	2019 年	2020 年	合计
现金净流量现值	-24,000,000	17,857,143	23,915,816	28,471,210	31,775,904	34,045,611	112,065,684
净流量现值累计	-24,000,000	-6,142,857	17,772,959	46,244,169	78,020,073	112,065,684	

依据表 3-15 对其公司市值管理的步骤及效益预测如下（见表 3-16）：

表 3-16　某企业五年内市值管理的步骤及效率预测

年份 序列	单位	2014 年	2015 年	2016 年	2017 年	2018 年	2019 年	合计
公司净利润	万元	408.00	800.00	2,000.00	3,000.00	4,000.00	5,000.00	15,208.00
预期市盈率	倍	14.15	20.00	30.00	40.00	50.00	60.00	35.69
公司总股本	万股	750.00	937.50	1,065.34	11,097.30	11,323.78	11,554.87	11,097.30
公司预期股价	元／股	7.70	17.07	56.32	10.81	17.66	25.96	22.59
公司市值总计	万元	5,775.00	16,000.00	60,000.00	120,000.00	200,000.00	300,000.00	120,000.00
增发股票比例	%	0%	20%	12%	4%	2%	2%	40%

年份序列	单位	2014 年	2015 年	2016 年	2017 年	2018 年	2019 年	合计
增发股票数量	万股	0.00	187.50	127.84	443.89	226.48	231.10	1,216.81
增发股票市值	万元	0.00	3,200.00	7,200.00	4,800.00	4,000.00	6,000.00	25,200.00
可控制资产值	万元	0.00	6,530.61	14,693.88	30,000.00	25,000.00	37,500.00	113,724.49
控股方股权比例	%	78.72%	62.98%	55.42%	53.2%	52.14%	51.1%	

2015 年，当公司利润达到 800 万元时，基于 20 倍市盈率，公司总估值可以达到 1.6 亿元，股价 17.07 元 / 股；以此股价定向增发 20% 的股份，可融资 3200 万元（或以股权置换方式并购 3200 万元的资产），将来年预期利润提升至 2000 万元。

2016 年，基于 2000 万元利润和 30 倍市盈率，公司总估值可以达到 6 亿元，股价 56.32 元 / 股；以此股价定向增发 12% 的股份，可并购 7200 万元的资产，按 51% 的置换比例，可控制资产 1.47 亿元，合并报表将预期利润提升到 3000 万元。

2017 年，基于 3000 万元利润和 40 倍市盈率，公司总估值可以达到 12 亿元，股票拆分 10 倍后股价 10.81 元 / 股；以此股价定向增发 4% 的股份，可并购 4800 万元子公司的资产，按 16% 的置换比例，可控制资产 3 亿元，合并报表将预期利润提升到 4000 万元。

2018～2019年，基于4000万元～5000万元利润和50～60倍市盈率，公司总估值可以达到20亿元～30亿元，两年每年增发2%的股权，可合计并购子公司1亿元资产，按16%反购比例，可控制资产总计达6.25亿元。

五年总计增发股权40%，融资及并购资产总额达2.52亿元，控制资产11.37亿元，控股团队仍持有51%左右的控股权。

财务模型呈现是新三板挂牌企业的预算、目标导航，更是市值管理的重要依据，只有科学合理地制定，才能为团队激励的合理设计提供基础。

3.团队激励设计

从薪酬模型到奖励机制，到股权激励、期权计划，再到退出机制，一套完整的和财务增长率挂钩的团队激励方案是投资人的"定心丸"。团队激励方案是一把双刃剑，做了但没做好会让企业危机四伏，劳资矛盾、企业内部矛盾一旦被激化，或被竞争对手所利用，企业将倒退数年。如何建立公平的、有激励的、有磁性的并和未来紧紧相连的命运共同体是企业走向未来的保障。

第一财经机构统计了近三年的A股股权激励的历史样本，在剔除大盘跌幅在5%以上的极端市场环境后，预案公告日之后5日及20日，是股权激励概念股获得超额收益的蜜月期，同时大部分个股会与同期大盘整体的强弱走势形成共振。此外，首次实施公告日之后的公司股价也存在短期的参与价值。另外，从历年股权激励的"破发"效应看，采取限制性股票方式进行股权激励的上市公司股价跌破行权价格的概率远高于股票期权。从中可看出，股权激励不简简单单是企业内部管理措施，更是市值增长的手段。所以，新三板挂牌企业需要建立一套完善的激励机制，完善的激励机制包括薪酬模型、奖励计划、股权激励、退出机制。

第一,薪酬模型。薪酬模型有多个参数,主要关注如下4个:岗位、职务、工龄、绩效。薪酬模型的原则是公平、公正、公开,最理想的状态是所有收入都与业绩挂钩,低底薪、高绩效。上一章节案例中"经理分成"的表格可供企业结合自身情况参考。一部分企业开始实施薪酬与股份期权挂钩的机制,既降低了用人成本,又提升了员工自主性和积极性。如华为的激励方式,年薪中除了每月生活开销之外,剩余部分可以兑换企业的股份。

第二,奖励计划。本着"奖要奖得心花怒放,罚要罚得胆战心惊"的核心思想,围绕市值增加设计奖励计划,根据市值管理报表里的业绩评价与实现,进行月、季、半年、全年奖励计划,其他还可设立项目奖励、特殊贡献奖,未必全是物质奖励,不要忽视精神和荣誉的激励。设定奖励的目的是为了推动全员时刻关心业绩与市值,拉动市值的早日实现。

第三,股权激励。好的股权激励方案必须分层、分时、分人,长短结合,有序进行。其内容包括期权计划、股权激励和分红。创业团队中的高级管理适合用股权激励,发展期加入的高管、企业的核心人才适用期权计划,对某些业务骨干适合分红。

第四,退出机制。股权作为企业的资产,能"进"能"退",当预先设定的指标没有实现、人员异动或遇到企业重大变动时设定退出机制,可以有效保护企业和相关利益者。

团队激励设计中的薪酬模型、奖励计划、股权激励、退出机制不是单独存在的,新三板挂牌企业必须结合自身发展所处的阶段,有针对性设计适合自己企业的激励方案。后续几个案例可为企业设计团队激励模型作参考。

（1）股权与市值增长捆绑的案例

案例

斯太尔在 2015 年 11 月 18 日晚间发布限制性股票激励计划，公司拟向共计 24 名激励对象，授予合计 1848 万股限制性股票，占公司总股本的 2.39%，授予价格为 5.94 元／股，为计划披露前 20 个交易日公司股票均价 11.88 元的 50%。

根据方案，公司此次激励对象包括在公司任职的董事、高级管理人员及核心管理人员，总人数 24 人，股票来源均为公司向激励对象定向发行公司人民币普通股，共计 1848 万股，其中首次授予数量不超过 1680 万股，预留不超过 168 万股。

公司此次激励计划有效期为自限制性股票授予日起 48 个月，其中首次授予的限制性股票在授予日起满 12 个月后，满足解锁条件的激励对象可以在未来 36 个月内按 20%、30%、50% 的比例分三期解锁。

主要业绩考核指标为：以 2012～2014 年净利润平均值为基数，公司在 2015～2017 年实现的净利润不低于基数的 200%、400%；或相比 2014 年，公司 2015～2017 年市值增长率分别不低于 25%、50% 和 75%。

（2）增发与期权认购的综合案例

团队激励模型可把复杂的问题简单化、数字化、模块化，下面这个拟挂牌新三板的企业案例，可为我们提供细致的参考：

在集团下属所有公司分别增发25%的股权，实施管理者期权持股计划。

公司估值 = 前两年营业额 ×25% + 前两年利润 ×50%

发行900万原始股由原股东持有，增发300万期权股给骨干员工，分两期发行，每期150万股。

期权发行价格 = 公司估值 /（900万股 + 150万股）

员工认购期权可享受12%折扣价（可议），即原1元/股的发行价按0.12元/股的内部价卖给员工。

员工期权持股计划主要针对总经理，如果总经理不愿意持股，则由愿意持股的管理人员竞聘总经理，然后由总经理决定本公司持股员工的数量和级别，总经理须与持股团队成为一致行动责任人。

首先确定总经理持股比例（一级），然后各级持股员工分别用自己的级别除以总经理的持股比例，得出自己的持股比例。例如：总经理持股比例为24%，则二级员工持股比例为 24%/2=12%；三级员工持股比例24%/3 =8%，四级员工持股比例24%/4=6%，以此类推。

总经理可以根据团队自身的财力决定认购期权的实际出资比例，员工自己出资比例之外的期权份额由公司资本公积转赠，但转赠部分需要团队完成集团额定利润增长指标方可兑现期权。

对盈利的企业和亏损的企业分别制定两期（年）利润增长率指

标和利润额指标，员工达到利润指标后方可兑现期权并获得分红。亏损企业若能扭亏为盈，前两期利润的80%用于员工期权股分红。

若企业当年利润未达到行权指标，其差额部分可以转到第二年，直到达标为止方可行权。如果连续三年均未达标，则总经理丧失期权，重新竞聘并重组团队，重新分配期权。

股权激励与市值增长捆绑首先要弄清楚市值管理项目的计算公式（见表 3-17）。

表 3-17　市值管理项目计算公式

	项目及指标	单位	计算公式
A	公司现状估值	万元	A= 前两年营业额 ×25%+ 前两年利润 ×50%
B	公司股本总计	万股	B=900 万股原始股 +300 万期权股 =1200 万股
C	公司原始股价	元 / 股	C=A/B= 公司估值 / 公司原始股本（900 万股）
D	员工期权价格	元 / 股	D=A/（原始 900 万股 + 首期增发 150 万股）
E	员工认购价格（可议）	元 / 股	E=D×12%= 公司期权股价 ×12%
F	员工期权分配比例	%	F= 总经理分配比例 / 本人级别
G	员工期权分配额	股 / 人	G=300 万股 ×F=300 万股 × 员工期权分配比例
H	员工在公司持股比例	%	H=G/1200 万股 = 员工期权持股数 /1200 万股
I	员工认购期权现金额	元 / 人	I=G× 员工可支付现金比例
J	公司转增期权比例	%	J=G×（1 — 员工支付现金比例）
K	期权兑现增长指标	%	K= 基本利润增长指标 ×J（公司转赠比例）

	项目及指标	单位	计算公式
L	盈利企业行权利润指标	元／年	L＝上年利润额 ×（1+K）×J
M	亏损企业行权利润指标	元／年	M= 期权股价 × 首期认购额 ×J（二期之后利润指标按 L 执行）

　　假设盈利企业在 2013 年营业收入 3500 万元，净利润 450 万元；2014 年营业收入 4500 万元，净利润 550 万元。原始股本 900 万股，向管理层增发 300 万股期权股，第一期 150 万股，第二期 150 万股，员工认购期权的内部折扣率为 12%，员工愿意自己出资的比例为 40%，公司转赠比例为 60%。集团对盈利企业额定的利润增长率指标为 10%，达到该利润增长指标则逐期兑现期权。

　　公司评估值 = 两年公司营业收入 ×25% ＋两年公司净利润 ×50%=（3500 万元＋ 4500 万元）×25% ＋（350 万元＋ 450 万元）×50%=2400 万元；

　　原始股股价 = 公司估值 / 原始股本 =2400 万元 /900 万股 =2.67 元 / 股；

　　期权发行价 = 公司估值 /（原始股本＋首期增发股本）=2400 万元 /（900 万股＋ 150 万股）=2.29 元 / 股；

　　员工认购价 = 期权发行价 × 内部折扣率 =2.29 元 / 股 ×12%=0.229 元 / 股；

执行利润增长率指标 =10%×（1 － 40%）=6%；

执行利润增长额指标 =550 万元 ×（1 ＋ 6%）=583 万元／年；

即公司一期利润须达到 583 万元，员工认购的期权方可兑现并得到分红，未达标则期权不兑现。

如果未达到利润指标，例如只完成利润指标 563 万元，则差额的 20 万元指标可累加到二期的利润指标上继续完成，例如二期利润指标应该是 583 万元 ×（1 ＋ 6%）=618 万元，加上一期差额 20 万元，利润指标升为 638 万元。二期达标之后，连第一期的期权一起兑现并分红。

假设亏损企业在 2013 年营业收入 2100 万元，利润亏损 140 万元；2014 年营业收入 1900 万元，利润亏损 100 万元。原始股本 900 万股，分两期增发 300 万股期权股，每期 150 万股，员工认购期权的内部折扣率为 12%，员工愿意出资的比例为 30%，公司转赠比例为 70%。集团对亏损企业额定的利润增长率指标为 5%，达到该利润增长指标则逐期兑现期权。

公司评估值 =（2100 万元 ＋ 1900 万元）×25% ＋[-140 万元 ＋（-100 万元）]×50%=880 万元；

原始股股价 = 公司估值／原始股本 =880 万元 /900 万股 =0.98 元／股；

期权发行价 =880 万元／（900 万股 ＋ 150 万股）=0.84 元／股；

员工认购价 = 期权发行价 × 内部折扣率 =0.84 元／股 ×12%=0.10 元／股；

执行利润增长率指标 =5%×（1 － 30%）=3.5%（适用于第二期）；

第一期行权利润指标 = 第一期增发股本 × 期权发行价 ×（1 － 员工出资比例）=150 万股 ×0.84 元／股 ×（1 － 30%）=88 万元／年；

第二期行权利润指标＝第一期行权利润指标×（1＋执行利润增长率指标）=88万元×（1＋3.5%)=91.08万元。

即第一期公司利润须达到88万元，员工认购的期权方可兑现并得到分红（如公司能扭亏为盈，则两期利润全部用于员工分红，两期之后员工按股权比例分红），如果未达到利润指标，例如只完成利润指标80万元，则差额的8万元可累加到二期的利润指标91.08万元上继续完成，累加差额之后的二期利润指标应该为：91.08万元 ＋ 8万元 = 99.08万元。

制作财务分析模型，企业的实质评估、期权发行股价、员工认购股价都基于该测算模型。人数级别：设持股员工10人，分四个级别，其中一级1人，二级2人，三级3人，四级4人。一级为总经理，由其决定持股人数和级别设定。

以下为下属盈利企业的期权分配表（见表3-18）：

表3-18 下属盈利企业期权分配表

级别	姓名	公司职务	单位	分配比例	持股比例	股权数额	一期股权	二期股权	认购金额	一期认购	二期认购	个人出资	公司赠与
1	A		元/股	25%	6.25%	750,000	375,000	375,000	260,638	130,319	130,319	104,255	156,383
2	B		元/股	12.5%	3.13%	375,000	187,500	187,500	130,319	65,159	65,159	52,128	78,191
2	C	总经理	元/股	12.5%	3.13%	375,000	187,500	187,500	130,319	65,159	65,159	52,128	78,191
3	D		元/股	8.33%	2.08%	250,000	125,000	125,000	86,879	43,440	43,440	34,752	52,128
3	E		元/股	8.33%	2.08%	250,000	125,000	125,000	86,879	43,440	43,440	34,752	52,128

续表

级别	姓名	公司职务	单位	分配比例	持股比例	股权数额	一期股权	二期股权	认购金额	一期认购	二期认购	个人出资	公司赠与
3	F		元/股	8.33%	2.08%	250,000	125,000	125,000	86,879	43,440	43,440	34,752	52,128
4	G		元/股	6.25%	1.56%	187,500	93,750	93,750	65,159	32,580	32,580	26,064	39,096
4	H	总经理	元/股	6.25%	1.56%	187,500	93,750	93,750	65,159	32,580	32,580	26,064	39,096
4	I		元/股	6.25%	1.56%	187,500	93,750	93,750	65,159	32,580	32,580	26,064	39,096
4	J		元/股	6.25%	1.56%	187,500	93,750	93,750	65,159	32,580	32,580	26,064	39,096
合计				100%	25%	3,000,000	1,500,000	1,500,000	1,042,551	521,275	521,275	417,020	625,530
调整变量	公司估值（元）	股价	公司总股本	增发股本	一期比例	二期比例	一期股本	二期股本	股价折扣	员工股价	个人比例	公司比例	
	30,407,725	2.90	12,000,000	3,000,000	50%	50%	1,500,000	1,500,000	12%	0.348	40%	60%	

假设集团对盈利企业兑现期权的额定利润增长指标为10%，扣除员工现金认购比例40%，则实际执行的利润增长指标为6%；基于2014年实际利润按年均6%增长率可以算出一期和二期利润额分别为568.5万元和602.6万元，第三年、第四年、第五年以此类推。

以第一期利润除1050万股的一期总股本等于每股收益，乘以员工持股数就可算出其当期分红；二期以后的利润额须分别除以1200万股总股本，再乘以员工持股数，可以算出后期各年分红收益。将五期分红收益相加，就是该员工五年分红获得的总收益（见表3-19）。

表 3-19 某员工五年分红获得的总收益表

级别	姓名	分配比	一期持股	二期持股	一期分配	二期分配	三期分配	四期分配	五期分配	五期合计
1	A	25%	375,000	750,000	203,028	376,617	399,214	423,167	448,557	1,850,582
2	B	12.5%	187,500	375,000	101,514	188,308	199,607	211,583	224,278	925,291
2	C	12.5%	187,500	375,000	101,514	188,308	199,607	211,583	224,278	925,291
3	D	8.33%	125,000	250,000	67,676	125,539	133,071	141,056	149,519	616,861
3	E	8.33%	125,000	250,000	67,676	125,539	133,071	141,056	149,519	616,861
3	F	8.33%	125,000	250,000	67,676	125,539	133,071	141,056	149,519	616,861
4	G	6.25%	93,750	187,500	50,757	94,154	99,803	105,792	112,139	462,646
4	H	6.25%	93,750	187,000	50,757	94,154	99,803	105,792	112,139	462,646
4	I	6.25%	93,750	187,000	50,757	94,154	99,803	105,792	112,139	462,646
4	J	6.25%	93,750	187,000	50,757	94,154	99,803	105,792	112,139	462,646
管理层合计		100%	1,500,000	3,000,000	812,112	1,506,468	1,596,856	1,692,667	1,794,227	7,402,330
年预期利润		6%	10,500,000	12,000,000	5,684,784	5,684,784	6,387,423	6,770,669	7,176,909	32,045,556

分配比例：首先确定一级员工（总经理）的期权分配比例，其他各级员工用一级分配比例除以自己级别，即可计算出自己的期权分配比例。

持股比例：指员工按期权分配比例获得的股权在公司总股本（1200万股）中所占的比例，今后员工的利润分红须按照这个比例进行分配。

股权数额：是指每一个持股员工按照自己的期权分配比例分别能够在增发的300万总期权股中持有的股份，其中一期和二期各分配多少股。

认购金额：是指员工按照12%的内部折扣价格所认购的300万总期权

股的对价资金值，后面还分别列出了第一期和第二期的期权股对价值。

个人出资：指员工在上述期权认购的对价值中，自己愿意支付现金认购的部分，上表设为40%，余下60%则由公司从资本公积金中转赠。对于旗下亏损企业，对亏损企业兑现期权的额定利润增长指标为5%，扣除员工现金认购比例30%，则实际执行的利润增长指标为3.5%。

第一期利润额指标 = 首期增发期权股数 × 期权发行价 × 公司转赠比例 = 150万股 × 0.4126元 × 70% = 43.32万元。为奖励扭亏为盈，公司从头两期的利润中拿出80%用于持股员工的分红，计算每股收益不是基于总股本，而是基于总期权股本。

以第一期利润指标除以一期末150万股增发期权股，乘以员工持股数，再乘以80%，可以算出每一个持股员工当期分红收益。

第二期利润额指标 = 43.32万元×（1 + 3.5%） = 44.83万元，再除以300万增发股，乘以80%，可以算出持股员工二期分红收益（见表3-20）。

表 3-20　某员工二期分红获得收益表

级别	姓名	分配比	一期持股	二期持股	一期分配	二期分配	三期分配	四期分配	五期分配	五期合计
1	A	25%	375,000	750,000	86,637	89,669	29,002	30,017	31,068	266,393
2	B	12.5%	187,500	375,000	43,318	44,834	14,501	15,009	15,534	133,196
2	C	12.5%	187,500	375,000	43,318	44,834	14,501	15,009	15,534	133,196
3	D	8.33%	125,000	250,000	28,879	29,890	9,667	10,006	10,356	88,798

续表

级别	姓名	分配比	一期持股	二期持股	一期分配	二期分配	三期分配	四期分配	五期分配	五期合计
3	E	8.33%	125,000	250,000	28,879	29,890	9,667	10,006	10,356	88,798
3	F	8.33%	125,000	250,000	28,879	29,890	9,667	10,006	10,356	88,798
4	G	6.25%	93,750	187,500	21,659	22,417	7,251	7,504	7,767	66,598
4	H	6.25%	93,750	187,500	21,659	22,417	7,251	7,504	7,767	66,598
4	I	6.25%	93,750	187,500	21,659	22,417	7,251	7,504	7,767	66,598
4	J	6.25%	93,750	187,000	21,659	22,417	7,251	7,504	7,767	66,598
管理层合计		100%	1,500,000	3,000,000	346,546	358,675	116,009	120,069	124,272	1,065,571
年预期利润		3.5%	10,500,000	12,000,000	433,183	448,344	464,036	480,277	497,087	2,322,926

　　按照盈利、亏损企业的市值来设计齐全发行价和员工认购价格，持股员工可对应查阅表单决定现金认购的出资比例。如果团队连续三年没有达到业绩指标，则取消期权认购资格。总经理重新竞聘，重新组织团队，开始新一轮期权持股计划。

　　如果第一年没有达到利润额指标，可以将差额累加到第二年的利润额指标上去（以第一年的指标作为基数计算下一年的利润指标）；若第二年达标，一次性兑现两期期权并获得当年分红权；如果第二年仍未达标，继续将差额累加到第三年的利润指标之上；若第三年达标，则一次性兑现两期期权并获得当年分红权。如果三年均未达到利润指标，则团队整体丧失期权。

如果第一年达标，而第二年未达标，则兑现第一年的期权，将第二年差额转入第三年指标，若第三年仍未达标，则可以将累计差额转入第四年，若第四年仍未达标，则团队丧失第二期期权。总经理可以重新竞聘，重组团队重新启动二期期权计划。

若团队连续三年未达标丧失期权认购权，则公司以资本公积回购员工出资的期权额度，回购价格为员工出资额 × 连续三年的利润增长率指数。团队整体出资10万元，连续三年完成的利润增长率分别为3.2%，2.8%，2.5%，则回购价格 = 100000元 × 3.2% × 2.8% × 2.5% = 108742元。

如果公司亏损，则利润增长率可以是负值（指数低于100%），如果最后计算的回购价格低于员工出资额，则以平价回购，偿还员工出资本金。损失的利息是员工作为股东所冒的风险。

如果团队成员在获得两期期权之后离职，则由公司（或其他股东）出资回购其期权，回购价格为其本人出资额乘以历年利润增长率（可以是负数）。

以上激励方案仅为参考，每家企业必须根据自身市值目标与战略规划来设计。

（3）发布时间、内容的案例参考

乐视2015年年底推出第三期股权激励计划，其激励内容以及在媒体上发布、揭露该信息的方式都值得借鉴（例如年初公布，年底执行等于跨了两年，结合价值管理与绩效的奖惩与行权条件）。

案例

　　首先，传闻已久（对内对外多次宣传），启动时发布《全员激励计划正式启动》的邮件，并首先在公司内举行首批股权激励授予仪式，内部公开签署相关的股权授予协议。

　　在全员内部邮件中详细介绍了乐视的全员激励计划的内容和特点，包括"最具合伙人精神的激励计划"、"最慷慨的激励额度"、"最彻底的价值分享"以及"最具生态特点和激励性的经济收益"等。

　　乐视的全员股权激励计划同时具有创新性：将（非上市板块）原始总股本50%作为股权激励总量，这在中外企业界是非常少见的。原则上员工不需要出资购买，而其创新性体现在无论员工属于业务子公司还是乐视控股，激励的最终价值都将来自生态价值的整体提升。即除了享受自身业务的激励之外，同时享受整体生态的激励，两种激励取其大，始终保证员工享受到最大的经济收益。

　　其享受条件为加入公司并转正后即可获得激励授予。激励分四年生效，每一年生效25%。实际生效比例与个人业绩挂钩，强化激励的业绩导向。同时，未来业绩优秀者有机会获得追加授予。其授予条件：

　　• 在上一个考核期绩效为B及以上的正式员工；

　　• 对乐视生态文化、价值观、愿景高度认同；

　　• 在职期间无重大违规、违纪、贪腐等行为。

　　自通知之日起开始陆续授予。在可行权日内，达到规定的行权条件，自授予日起满12个月后，激励对象应在未来48个月内分四期行权。

股票期权行权期分别间隔 12 个月，第一个、第二个行权期授权比例各为 20%，第三个、第四个行权期各为 30%，本次授予的股票期权的行权价格为 38.84 元。

授予的股票期权在 2015 ~ 2018 年的 4 个会计年度中，分年度进行绩效考核并行权，每个会计年度考核一次，以达到公司业绩考核目标作为激励对象的行权条件。各年度公司业绩考核目标如表 3-21 所示：

表 3-21　各年度公司业绩目标考核表

行权期	公司业绩目标
第一个行权期	以 2014 年为基数，2015 年净利润增长率不低于 25%
第二个行权期	以 2014 年为基数，2016 年净利润增长率不低于 50%
第三个行权期	以 2014 年为基数，2017 年净利润增长率不低于 75%
第四个行权期	以 2014 年为基数，2018 年净利润增长率不低于 100%

"净利润"指归属于上市公司股东的扣除非经常性损益的净利润。如公司业绩考核达不到上述条件，则激励对象在相对应行权期所获授的可行权数量由公司注销。

这是乐视全员的公告，实际上乐视等于间接绑定了高管与核心人员 5 年，假如有一年不符合绩效目标就要取消行权资格。关注乐视网的公司章程，其作为"创业板第一股"一定会给新三板挂牌企业很多启发。

股权激励模型是挂牌企业必须制定的长效机制，是为公司战略实施服务的。因此，在激励方案的设计上，必须与公司战略相匹配。经过一系列的企业升级以后，股权激励也需进行调整，实际控制人的控制权、流通股的股比、战略投资人预留的份额等，都会对企业的市值产生影响。股权激励的完全实施还需配合好股权结构设计。

总之，"真才实学"是一家企业做大做强的基础条件，也是市值管理的基础条件。想玩转"资本魔方"就必须具备"真才实学"，有利润才有正向的市盈率，有正向的市盈率，杠杆率才得以实施。所以，无论是 A 股上市公司还是新三板挂牌企业，或是未挂牌企业，只要想持续生存下去，都必须搞好企业的"真才实学"。

玩转"资本魔方"——撬动"杠杆率"

资本魔方就是用资本运营的杠杆效应放大企业的市值。通过股权架构的优化吸收战略投资人和"明星股东"，能快速拉升市值；通过协议做市转板不同阶段的信息公告与实施，股价的变动会拉升市值；而对新三板挂牌企业来说，因为市场交易不活跃，更需要通过自建融资系统来撬动杠杆。

我们这里所说的杠杆率与二级市场所说的杠杆率有本质区别，本书所指的是价值杠杆，不是资金杠杆。

在新三板市值管理的高阶段运营中，也就是打造企业"资本魔方"的过程中，要重视"股权架构优化，协议做市转板，融资系统构建"的方案设计。

大部分新三板的挂牌企业当下首要的事项是做好市值管理模型中的前两步，关于资本魔方，由专业人士来做是最节省时间、资源和相对成本的。下面仅对此内容进行概要描述，因为每家企业的历史演变和所处阶段都不同、企业的特殊性以及企业本身所具有的人员、资源、背景不同，所谓"千人千面"，故无法面面俱到。

1. 股权架构优化

股权架构优化主要关注点包括控制权、优先股、流通股、股东结构，首先我们来熟悉下基本概念：

控制权 一般是相对于所有权而言的，是指对某项资源的支配权，并不一定对资产拥有所有权，一般拥有公司股份的 50% 以上，对公司拥有绝对控制权。

优先股 是相对于普通股而言的。主要指在利润分红及剩余财产分配的权利方面优先于普通股。优先股股东没有选举权及被选举权，一般来说对公司的经营没有参与权。优先股股东不能退股，只能通过优先股的赎回条款被公司赎回，但它是能稳定分红的股份。

流通股 是指在上市公司、新三板挂牌公司股份中可以在交易所流通的股份数量。

股东结构 是指在股份公司总股本中，不同性质的股份所占的比例及其相互关系。不同的股东结构决定了不同的企业组织结构，从而决定了不

同的企业治理结构，最终决定了企业的行为和绩效。

控制权要关注股权数量的"三个临界点"。A股动辄几亿元、几十亿元的股本，最少也有3000万元，每次融资可以释放的"货源"充沛，融资量也很大。但新三板企业股本多数在2000万元以下，随便释放就会导致控股权丧失，如果没有规划好，很容易"赔了夫人又折兵"。加上企业本身市盈率低、新三板交易不活跃，融资很有限，每次定增"割肉"未必能换回好彩头。

股权最重要的作用就是交易，其交易模式是增资扩股、股权转让。交易要重视手段，把股权作为控制资产的杠杆，关注企业股权设置的三个临界点。对股权进行分层控制，高层叠加法人股。对股权交叉控制，相互渗透而且相互制约。对股权进行反向收购，这个方法对挂牌企业相当实用，类似于欲擒故纵。如何建立联合控制，利用利益一致行动人实现控制权？

企业股权设置的三个临界点：67%、51%、34%。

占有股份67%及以上的（超过2/3的股份），不需要商量，只需要告知小股东，也就是对所有资产具有直接决策权。

占有股份51%以上的，一般决策都可以说了算，但重大决策必须要董事会2/3通过。这里必须要明确"一般决策"和"重大决策"的边界，涉及资产的都是重大决策，涉及产品交易的都是一般决策。但是，可以通过约定"重大决策"与"一般决策"，并将其设计进入章程来保证控制权的合法实施。

占有股份34%时，当众股东都是高度分散的小股东，那么占有34%股份的股东依然掌握公司，控制董事会，最精明的小股东只要占据34%即可，而不是 49%。

在遵守法律法规、公司治理规则的前提下，创始团队保持控制权的方式多种多样，有的通过分层股权设计，有的通过设立 A、B 股来提升创始团队的投票权，有的通过双 GP 的产业并购基金来扩大经营影响，有的通过建立一致行动人来保障企业实际掌控权的归属。

一致行动人在企业起步融资阶段就可以设计和规划，创始人通过协议、公司章程来约定和联合创始人、经营团队、机构投资人的代表权利和权益，从而保持对企业经营的实际掌控。

67%、51%、34% 的临界点设置便于说明控制权问题，事实上更确切的临界点应该是大于 2/3、大于 1/2、大于 1/3。很多企业董事长对于股权的看法过于保守，其实 34% 与 49% 的股份就决策而言差别不大。

其次，可建立期权池，以激励和招徕优秀人才加盟公司事业，每年兑现其中的一部分，但许多公司在这一块的操作都比较模糊，股权、期权的激励模式不清晰和不公开，这是可以在章程中进行修改和约定的。

2015 年 9 月 22 日，全国中小企业股份转让系统接连发了四个关于优先股[18]的公告，可见对优先股制度相当重视。优先股具有优先分配利润、优先分配剩余财产、优先股转换和回购的特点。优先股制度增加了新三板市场的融资工具和投资工具。作为股债混合工具，优先股的风险收益特征不同于债权和普通股权，而是介于两者之间，而且优先股设计灵活，给融资主体和投资者都提供了更多选择，将吸引更多机构投资者参与新三板优

---

[18] 全国中小企业股份转让系统发布的《全国中小企业股份转让系统优先股业务指引（试行）》。

先股市场，促进交易活跃度。

业界认为，该措施有望吸引未上市城商行、农商行、农信社、保险公司，以及资产负债率较高的大型非上市企业到新三板挂牌。一些上市公司子公司也可以利用优先股融资。对上市公司来说，利用旗下非上市子公司在新三板发行优先股，可以合理改善融资结构，增加子公司融资的渠道。

在优先股层面，企业家要关注可转债、增减持对市值管理的影响。很多传统企业负债率很高，因为新三板挂牌企业家宁愿支付债权利息，也不愿意转成股票。负债率太高其实不利于投资人选择和交易，不如把债权人转换成股东，进行债转股。

投资者通常都会关注大股东增、减持，通常增持代表对未来充满信心，同时也间接表示当下估值较低，还有较大成长空间。大股东、实际控制人的增持会拉动投资人的投资。减持则可判断此时的股价偏高或是企业负面影响即将出现。特别应该注意的是，大股东减持时，一定要对价格进行约定并做出积极的承诺。

案例

　　海源达（股票代码831329）[19] 是新三板率先采取"限价减持"的公司，2015年2月4日转为做市交易，在公告做市交易的同时表示前十大股东已对未来24个月的减持计划达成了共识与承诺，并进行了公布：基于对公司发展的信心，上述股东承诺，自公司股票转让方式正式变更为做市转让之日起，6个月内减持价格不低于8元/

---

[19] 来自股转系统公告。

股，12 个月内减持价格不低于 10 元 / 股，24 个月内减持价格不低于 15 元 / 股。

在承诺期内不转让或者委托他人管理其所持有的公司股份，也不要求公司回购该部分股份。若在承诺期间发生资本公积转增股本、派送股票红利、配股、增发等使股份数量发生变动的事项，上述承诺的股份价格相应调整。

在承诺期间，若上述公司股东违反上述减持公司股份的承诺，则自愿将减持股份的全部所得上缴公司。

流通股非常重要，其关键要素是数量、股比、交易频率。根据 A 股交易的经验，流通股一般控制在 25% ～ 40% 比较好，一是有关监管部门会关注大额流通股份的交易情况，这个比例区间能防止其不必要的干预，二是防止竞争对手恶意收购。

对于股东结构设计，不要忽略合伙人、战略投资人、员工持股这三个层面。宗申动力（股票代码 001696）于 2010 年 1 月 8 日公告董事长要去美国会见巴菲特，当日涨停，第二日虽公司辟谣，仍毅然涨停。著名人士加入股东，会对企业的市值管理有意想不到的收获。

2011 年 5 月，腾讯以 16 元 / 股的价格战略入股华谊兄弟，购买公司股份 2780 万股，占股本 4.6%，成为公司第一大流通股东。与 2015 年的最高点相比，股价在两年半的时间内涨了 413%，这就是战略投资人的影响力。

以下是我们针对某新三板挂牌企业做市前后设计的股权结构，内容包含引入明星投资人和战略投资人、提前设置好一致利益行动人、做市券商、定增和并购的额度。

图 3-16 是某公司原股权结构：

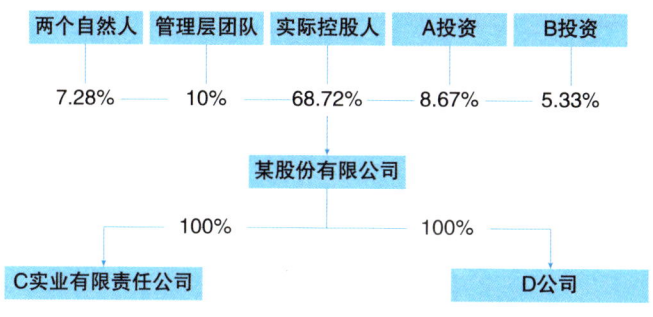

图 3-16 某公司原股权结构示意图

股权重组，引入战略投资人和明星投资人股权结构如下（见图 3-17）：

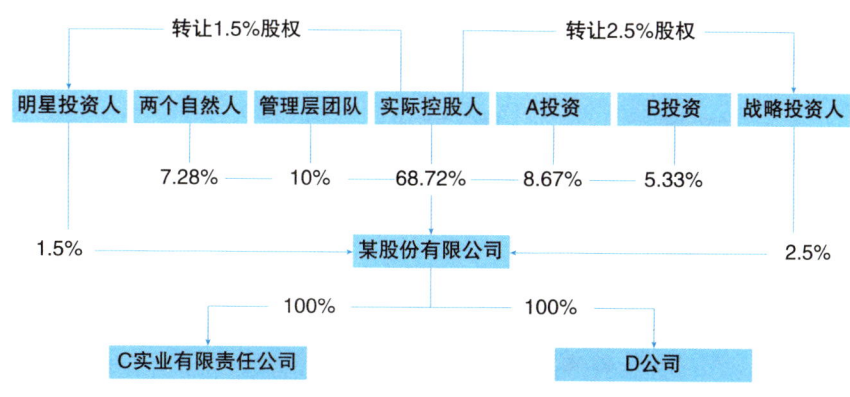

图 3-17 某公司股权重组后的结构示意图

一致利益行动人设置后的股权结构如下（见图3-18）：

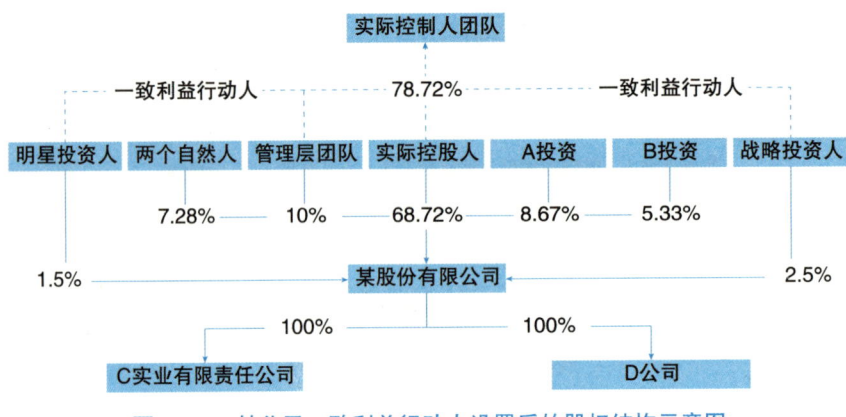

图 3-18　某公司一致利益行动人设置后的股权结构示意图

定向增发股票融资并做市后的股权架构设计如下（见图3-19）：

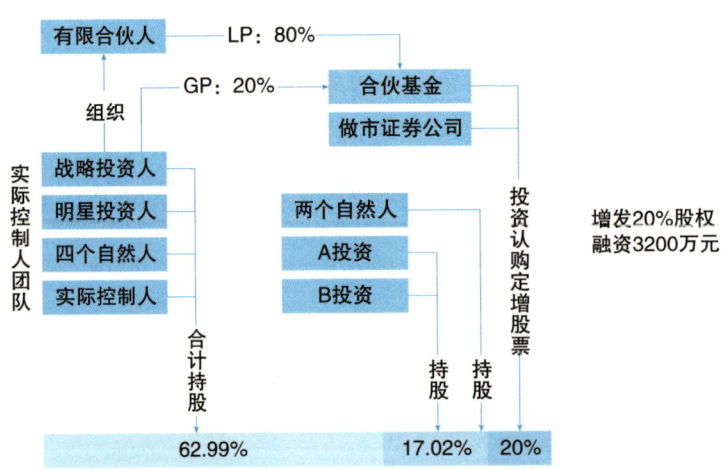

图 3-19　某公司定向增发股票融资后的股权结构示意图

定向增发股票进行资产并购时的股权设计如下（见图3-20）：

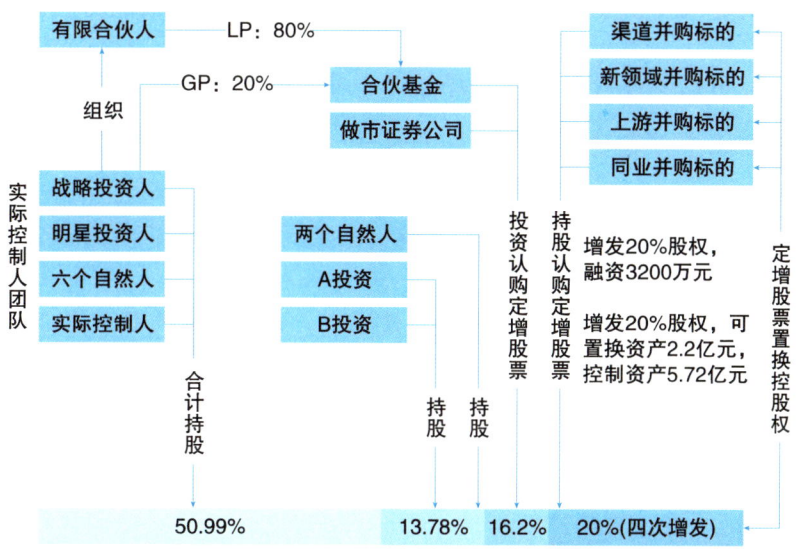

图3-20　某公司定向增发股票资产并购后的股权结构示意图

从这些图中，我们不难发现，实际控制人原有 68.72% 的股份，明星投资人和战略投资人分别转让 1.5%、2.5% 的股权后，股权变为 64.72%；通过设置一致利益行动人，实际控制人团队控股 78.72%；通过第一次增发 20%，实际控制人团队控股 62.99%；通过第二次再增发 20%，实际控制人团队控股 50.99%，依然占有绝对控制权，实际控制人还占 41.92% 股权。在股权结构优化过程中提前精算、预设股份比例至关重要，否则新三板挂牌企业实际控制人很容易失去控制权。

综上所述，股权架构优化必须配合公司定向增发、收购兼并、做市交易等一系列的规划整体进行。

优先股发行与交易

公司已发行的优先股不得超过公司普通股股份总数的 50%，且筹资金额不得超过发行前净资产的 50%，已回购、转换的优先股不纳入计算。应当在公司章程中规定以下事项：

（1）采取固定股息率。

（2）在有可分配税后利润的情况下，必须向优先股股东分配股息。

（3）未向优先股股东足额派发股息的差额部分，应当累积到下一会计年度。

（4）优先股股东按照约定的股息率分配股息后，不再同普通股股东一起参与剩余利润分配。

优先股应当在证券交易所、全国中小企业股份转让系统或者国务院批准的其他证券交易场所交易或转让。优先股应当在中国证券登记结算公司集中登记存管。优先股交易或转让环节的投资者适当性标准应当与发行环节一致。

公司应当在发行文件中详尽说明优先股股东的权利和义务，充分揭示风险。同时，应按规定真实、准确、完整、及时、公平地披露或者提供信息，不得有虚假记载、误导性陈述或重大遗漏。

优先股可以作为并购重组支付手段。上市公司收购要约适用于被收购公司的所有股东，但可以针对优先股股东和普通股股东提出不同的收购条件。根据《证券法》第 86 条计算收购人持有上市公司已发行股份比例，以及根据《证券法》第 88 条和第 96 条计算触发要约收购义务时，表决权未恢复的优先股不计入持股数额和股本总额。

2. 协议做市转板

分层转板中"六家做市商"的要求告诉我们："批发商"多了，投资者就多了，未来的"千人千股"就近了。充分执行"新三板红利"在各个环节中的巧妙应用，是新三板企业能够在"比武招亲"中身价倍增的关键所在。协议转让转给谁？做市交易找谁做？转板到底转到哪？明确就是力量，坚定就能赢得资本市场的"芳心"。

新三板挂牌企业如果选择协议转让交易制度，需要关注对象、股比、流通股。协议转让要看对象，要选择"可控"的机构、券商来作为协议的对象，不可控的投资机构可能会变成最大的障碍。因为机构可能在低价时进入，但若沟通不畅可能会占用流通股的数量。股比最好是多份少量，让换手率高，不要一下把大量股份转让给一家机构。

新三板挂牌企业如果选择做市交易，需要关注券商角色、券商数量，最好找到 10 家以上做市商，最好从战略合作的角度来做市交易。

券商除了帮助企业进行合法合规地做市之外，更多的是扮演批发商的角色。新三板挂牌企业要把市值管理做好，除了依靠券商之外，更需要自己"坐庄"。明星做市商虽然会给新三板挂牌企业做市增色不少，但也要看其是否因业务量大而无暇提供重点战略合作的支持。相反，一些小券商可能更为重视并达成战略合作。

表 3-22[20] 为 2015 年企业提供的做市业务券商排名，其中最多的是广州证券，做市数量为 242 家。紧随其后的中泰证券、光大证券均超过 200 家，其中光大证券相比 2014 年排名上升幅度巨大，跃升了 18 位。此外，长江证券、广发证券、招商证券等券商做市排名提升幅度较为明显。

表 3-22　2015 年企业提供做市业务券商排名

券商名称	2015 年做市企业数量	2015 年券商业务排名	2014 年底做市企业数量	2014 年券商业务排名
广州证券	242	1	19	4
中泰证券	212	2	22	1
光大证券	204	3	6	21
上海证券	190	4	16	7
兴业证券	161	5	14	8
天风证券	131	6	20	3
国泰君安	125	7	17	6
申万宏源	123	8	21	2
长江证券	121	9	6	22
国信证券	120	10	13	9
广发证券	116	11	5	24
海通证券	110	12	7	18
招商证券	104	13	4	32

[20]　本数据表来源于广证恒生，2015 年申银万国证券和宏源证券合并为申万宏源证券，故这里对 2014 年的数量进行了合并；齐鲁证券更名为中泰证券。

续表

券商名称	2015 年做市企业数量	2015 年券商业务排名	2014 年底做市企业数量	2014 年券商业务排名
中信证券	99	14	5	25
安信证券	98	15	4	33
万联证券	94	16	5	26
中山证券	87	17	10	11
中投证券	87	18	2	43
山西证券	82	19	9	15
东方证券	81	20	12	10
华福证券	81	21	2	44
中原证券	80	22	10	12
东吴证券	76	23	10	13
华安证券	75	24	7	19
世纪证券	72	25	18	5
东莞证券	72	26	10	14
华融证券	72	27	7	20
九州证券	69	28		
国海证券	59	29	2	45
恒泰证券	57	30	3	39
太平洋	57	31	1	51
开源证券	54	32		
东北证券	53	33	2	46
中银国际	49	34	4	34
联讯证券	48	35		
中信建投	46	36	5	27
西部证券	46	37	5	28

续表

券商名称	2015年做市企业数量	2015年券商业务排名	2014年底做市企业数量	2014年券商业务排名
东兴证券	42	38	4	35
财富证券	39	39	5	29
南京证券	39	40	4	36
浙商证券	39	41	2	47
金元证券	38	42	5	30
方正证券	37	43	1	52
银河证券	33	44	4	37
财通证券	33	45		
华泰证券	28	46	8	17
国都证券	28	47	6	23
财达证券	26	48	3	40
平安证券	26	49	1	53
国联证券	24	50	1	54
华鑫证券	23	51	4	38
首创证券	23	52	3	41
国元证券	22	53		
民生证券	21	54		
西南证券	19	55	5	31
信达证券	19	56	1	55
东海证券	16	57	9	16
国金证券	16	58	2	48
江海证券	15	59	2	49
国盛证券	14	60	1	56
华林证券	14	61		

续表

券商名称	2015 年做市企业数量	2015 年券商业务排名	2014 年底做市企业数量	2014 年券商业务排名
红塔证券	13	62	1	57
德邦证券	13	63		
华创证券	12	64	1	58
新时代	12	65	1	59
中金公司	11	66		
长城证券	10	67	3	42
英大证券	9	68		
大通证券	7	69		
川财证券	7	70		
爱建证券	7	71		
第一创业	6	72		
日信证券	5	73	1	60
湘财证券	5	74		
民族证券	5	75		
中航证券	4	76		
渤海证券	4	77		
华龙证券	3	78	2	50
宏信证券	2	79		
国开证券	2	80		
西藏同信	1	81		
华金证券	1	82		

目前分层制度正处于征询修改意见的过程中，这对企业当下来说，需

要关注股东人数。交易活跃度的前提是股东人数，联讯证券"千人千股"的案例不妨供参考：

联讯证券（股票代码830899）在2015年1月23日发布"千人持股计划"，参加对象为截至2014年年底的在册正式员工，参加人数不超过1025人。其中，公司董、监、高11人，认购持股计划的初始份额合计不超过2117万份；其他员工（不超过1014人）认购剩余份额，总份额合计不超过8345.36万份，对应资金总额不超过8345.36万元。本次员工持股计划全部份额对应标的股票总数不超过5716万股。

该员工持股计划设立后，将委托中信信诚资产管理有限公司（以下简称中信信诚）管理，并全额认购由中信信诚设立的中信信诚联讯启航1号专项资产管理计划（以下简称启航1号）的次级份额。启航1号份额上限为21250万份，资金总额不超过2.125亿元，按照1：1.5的比例设立次级份额和优先级份额，主要投资于联讯证券在股转系统定向发行的股票，以及银行存款和货币基金等低风险高流动性现金管理工具。

股权激励的常规持股方式有员工直接持股和建立持股平台间接持股两种。但《证券法》第43条规定，证券公司从业人员不得直接或以化名、借他人名义持有、买卖股票。因此，直接持股方式对证券公司股权激励而言是不可行的。而持股平台又涉及新公司的注册设立，程序相对较复杂。

联讯证券此次股权激励计划委托中信信诚管理，全额认购启航1号的次级份额，绕开了对从业人员的持股限制，并实现了所持股份的市场化投资运作。

如果企业的后续目标是转板，当下就需要对板块选择、满足条件、政策支持进行渐进性研究。

新三板转创业板试点终于有了最明确的声音。2015年11月20日，证监会发布实施《关于进一步推进全国中小企业股份转让系统发展的若干意见》，提出要"着眼建立多层次资本市场的有机联系，研究推出全国股转系统挂牌公司向创业板转板的试点"。新三板和创业板之间的估值差令人非常期待转板机制的执行。深交所统计数据显示，创业板在2015年11月23日的市盈率仍然高达106.1倍，新三板即便是在做市商制度下也只有66倍。

要到创业板IPO，需要完善的治理结构。最近两年内主营业务和董事、高级管理人员均没有发生重大变化，实际控制人没有发生变更。目前新三板中满足创业板上市条件的公司大概在300～500家。对于新三板的挂牌企业而言，合规而又符合良好经营、持续发展的公司总会具有更多机会。

目前"科创板"、"战略新兴板"风云涌动，对于新三板挂牌企业而言是机会，也是挑战。选择转板还是继续留在新三板，还有很多不确定的因素。建议多关注该方面的确定信息，根据企业市值管理的规划慎重选择。

关于科创板

2015年12月28日9时30分，上海市市长杨雄敲响开盘锣，正式宣告备受期待的上海"科创板"正式开板。2015年12月22日，被称为"北京新四板"的北京股权交易中心也宣布正式启动"科技创新板"筹划工作。

对于挂牌企业的具体标准，上股交的相关材料显示，科技型、创新型企业的认定遵循市场化认定原则。一般而言，至少满足以下认定条件中的任意一项：企业研发投入强度（最近一年或一期研发经费支出与营业收入的比例）不低于3%；直接从事研发的科技人员占比不低于10%；高新技术产值占营业收入的比例不低于50%；具有自主知识产权（发明专利、著作权等，企业自主研发或受让取得均可）；具有"新技术、新模式、新业态、新产业"的特征。同时，如不满足上述5条的科技型、创新型企业，也可充分披露其"科技型"、"创新型"的特征，并由其聘请的推荐机构发表专业意见。

关于战略新兴板

2015年12月23日，国务院总理李克强主持召开国务院常务会议。会议确定：完善股票、债券等多层资本市场。建立上海证券交易所战略新兴板，支持创新创业企业融资。完善相关法律规则，推动特殊股权结构类创业企业在境内上市。

相关政策预计时间为2016年上半年，且上市公司会优先在主板排队的公司中挑选。其中，战略新兴板的上市条件也逐步浮出水面。

根据研讨方案，战略新兴板定位与创业板相同，审核标准与主板一致。板块定位于服务规模稍大、已经越过成长期，相对成熟的战略新兴企业。战略新兴板上市公司会优先在主板排队的公司中挑选，挑选机制为符合战略新兴产业标准，获得券商推荐以及招股书披露完备且符合资质的企业。其中，公司收入中50%以上必须符合战略新兴产业标准。

上交所副总经理刘世安也曾解释，战略新兴板将淡化盈利要求，主要关注企业的持续盈利能力。将引入以市值为核心的财务指标组合，增加"市值+收入"、"市值+收入+现金流"、"市值+权益"等多种多套财务标准。还允许暂时达不到要求的新兴产业企业、创新型企业上市融资。

最新初拟的方案中，明确了战略新兴板上市标准将注重非盈利性指标，并设置了四套评判标准：一是市值（10亿元）+现金流（经营性现金流2000万元）+收入；二是市值（15亿元）+收入（1亿元）；三是市值+净利润；四是市值（30亿元）+股东权益（2亿元）+总资产（3亿元）。

然而前不久发布的"十三五"规划纲要却删除了"设立战略新兴产业板"，这对新三板企业来说，无疑是利好消息。

关于注册制

2015年12月27日，第十二届全国人民代表大会常务委员会第十八次会议审议通过《关于授权国务院在实施股票发行注册制改革中调整适用＜中华人民共和国证券法＞有关规定的决定（草案）》的议案，明确授权国务院可以根据股票发行注册制改革的要求，调整适用现行《证券法》关于股票核准制的规定，对注册制改革的具体制度做出专门安排。

原本计划2016年3月1日股市将正式施行上市注册制。这意味着未来上市的股票将只需信息披露完整即可，而不再做经营能力方面的规定，不设资金门槛。任何企业以后只要满足信息披露的规范，都可以申请上市。监管部分以后只负责企业信息披露的完整性。

然而3月1日这一天，注册制并未如约而来。注册制虽暂缓实施，但并非意味着改革的止步。

科创板、战略新兴板、注册制有关政策虽"雾里看花"，仍不够明确，但新三板挂牌企业必须做好规划和准备，以便获得先机。

协议做市转板的市值管理操作直接影响新三板挂牌企业的未来命运，做市、转板的公告与运作对企业的市值提升具有决定性作用。具体执行根据企业的不同各有差异，需要和券商、财务顾问公司一起研究、决定。

3. 融资系统构建

俗话说："靠山山倒，靠树树倒，靠墙墙倒。"企业融资也要做好依靠自己的准备。在融资的博弈中，企业才是真正的庄家。企业应该调动一切可以调动的力量"为我所用"，包括券商、基金、投资人、中介机构、代理商、经销商、亲戚朋友、高管员工等。企业融资不仅是融钱，还要融智、融人、融渠道、融各种资源。有限合伙不行就成立基金。构建属于自己的融资系统是企业立于不败之地的最好的市值管理方法。

要融资，首先要明白一个道理：先有鸡还是先有蛋。企业好、本身好又有前途，投资者可以赚到钱，融资自然不难。企业不好，或是本身企业不错，没有"包装好"，融资依然成问题。不管"好"企业、"坏"企业，必须慢慢更好起来，"村姑"变"公主"，才有机会融到资，融好资。

新三板融资分为债券融资和股权融资。除了"有限公司"具有的融资功能外，新三板还可以通过股权质押向银行进行债券融资。现在大部分银行都开设了此业务，但是，普遍质押率比较低，只有40%～50%。当然，企业也可以发私募债，但融资成本较高。

既然上了新三板，就要充分发挥新三板股权融资的功能。股权融资说白了就是销售股权，销售就必须明确"客户是谁"、"客户在哪里"、"如何系统地开发客户"，所以，构建融资系统就要系统地思考如上这些问题。

客户是谁 对于新三板挂牌企业而言，客户就是资格投资者，包括机构投资者、自然人投资者。机构投资者包括券商、基金，以及在全国中小企业股权转让系统开户的投资机构；自然人投资者也必须开户才能交易，开户与否成为"客户"的判断标准。截至2015年12月31日，注册开户的资格投资人有22717家，自然人投资者有198625个，还有很多有能力但没有开户的"新客户"需要开发。

客户在哪里 券商是最大的批发商，券商手里的客户最多，所以，要积极与券商展开合作。客户还隐藏在各大路演平台上，新三板挂牌企业要积极开展路演。还有很多客户就在身边，他们是亲朋好友、员工、代理商、加盟商等。

海量的新三板挂牌企业往往会让投资人晕头转向，还有个好的方法是求助于对口的产业基金以及和新三板挂牌企业相熟的投资机构。

如何系统地开发客户　建立良好的媒体关系和投资者关系是开发客户的关键所在。新三板挂牌企业必须做到"广泛发布"、"积极接触"、"精挑细选"。

广泛发布——信息披露非常重要，因为专业董秘的缺失，很多公告未经过思考与策划就发布，投资人与潜在投资人通常通过公告了解一家企业，没有进行市值管理策划就发出的公告容易导致企业陷入被动状态。所以，第一，董秘必须学会有条不紊地发布企业公告；第二，积极参与媒体互动，董事长是第一代言人，在新三板"洪流"中应积极发出"最强音"，申请专业媒体采访，保持一定曝光度。

积极接触——与投资人频繁接触，特别是已经投资了自己企业的资格投资者，他们也许会带来"二次消费"或"转介绍"。还要定期参加各种路演平台的路演。我们服务的一家企业，董事长、董秘和证券代表三人于2015年在各类平台路演接近200次，意向投资人收集超过500余家，吸引各类投资机构参访企业逾300次，定增价格与换手率不断上涨。

精挑细选——通过以上两步，意向投资人数量将不断增加。当"狼多肉少"时，"竞价交易"自然发生，此时更多的融资主动权在企业手中，"精挑细选"才成为可能。挑选投资人除了选择资源外，更重要的是长期持有，以投机为主的投资者会给新三板挂牌企业带来意想不到的风险，毕竟新三板企业并不像A股市场流动性强。

知晓"客户是谁"、"客户在哪里"、"如何系统地开发客户"后，融资系统的构建就清晰可见了。新三板挂牌企业应该认识到融资不是券商的事，不是其他中介机构的事，而是自己的事。券商、中介机构只能是辅助和支持，如果企业不主动出击，最后终究"竹篮打水一场空"。

新三板挂牌企业的股权毕竟是有限的，每年定增的额度也有限。在合法合规的基础上，成立"成长基金"是一个融资方法。

对于新三板挂牌企业而言，通过设立投资基金对重大投入进行分项募资也是一种融资的方法。新三板企业因为募资用途无限制，可以在定增来的资金中分出 500 万元成立控股投资公司，该投资公司作为 GP（普通合伙人），投入 20% 作为劣后资金[21]，召集占 80% 的 LP（有限合伙人），可以再融资 2000 万元，持续投入在未来的并购标的中。以此类推，变通操作，这种操作方式可以定位市值管理的成长基金。用同样的方法，如果投资方向变成其他新三板公司的定增，投资股权浮盈对市值拉升将起到重大作用。

新三板挂牌企业的融资系统构建是企业资本运营的重要部分，是解决"融资难、融资贵、交易不活跃"的重要手段。新三板在中国运行才两年多，很多法律法规还在完善中，一些欧美发达国家证券市场操作的方法也正在逐渐引入，也许部分新三板挂牌企业会抢得先机，获得"红利"。

但是，鉴于企业各自的特殊性及种种原因，本书只是起到概括和总结的作用，实际操作还需要很多专业性辅导，同时需要匹配资源配置的设计，建议与专业机构沟通后做出最适合企业当下阶段的最有效的融资系统。

会者不难，难者不会，新三板市值管理是个新的课题，还需要不断深

---

[21] 劣后资金，属于一个安全垫的资金，意思是在资金遭到风险的时候，劣后资金将优先偿付风险，在获得收益的时候，其收益将会在优先级的收益之后支付。

入研究。

　　新三板的重要性越来越被关注。新三板挂牌企业的市值管理整体提升后，将带动新三板市场的进一步良性发展，也将整体推动中国证券市场的改革，继而拉动整个金融改革的成果。金融改革是中国经济改革的核心，"空谈误国、实干兴邦"，夯实代表数千万中国中、小、微企业"龙头"的新三板企业市值，是我们一代金融从业者的责任。

后记

"路漫漫其修远兮，吾将上下而求索。"

新三板市值管理的提出仅仅是一个开始，理论仅供参考，实践仍在路上。今天每一家新三板挂牌企业和从事新三板领域的专业人士都会是新三板发展历史的实践者、见证者。

在此首先感谢正在读书的您；

感谢认同和正在实践"新三板市值管理模型"的企业；

感谢参加过"新三板市值管理"微咨询的董、监、高们；

感谢与锦狮建立长期战略合作的投资机构、券商；

感谢参与锦狮天众基金的投资人；

感谢所有锦狮会的会员们；

特别感谢房西苑老师的指导与支持！

这是一本特别的书，是市面上第一本有关新三板市值管理的图书；

这是一本特别的书，在没有上市前就已经预售了近千册；

感谢陈莲在图书文字整理工作中的付出与投入，感谢我们的家人对此的理解与支持，感谢我们的客户对此的推动与传播……

新三板市值管理系列丛书将陆续推出，欢迎业界专家、学者及业者就以下课题参与商（研）讨并予赐教：

1. 新三板做市商制度框架下的市值管理模型及新特点（价值实现的新型制度环境）；

2. "注册制"模式与挂牌公司价值创造和价值经营新模式；

3. 专业机构主体交易市场之市值管理模式；

4. 创新层分层标准 - 市值管理 3 年目标体系设计与实施；

5. 优先股、定增、并购、储架发行制度下的市值管理新模式；

6. 新三板挂牌五大准入条件与市值管理策略；

7. 挂牌—协议转让—做市—竞价交易—转板—资本运营模式变化之市值管理规划；

......

附录1 主板、中小板、创业板和新三板的区别

附表 1 主板、中小板、创业板和新三板的区别

主题板块		新三板	A 股		
			主板	中小板	创业板
挂牌条件	主体资格	股票非公开发行,境内股东累计不超过 200 人	公开发行股票的股份公司	同主板	同主板
	股东人数	可以超过 200 人,未超过 200 人可有条件豁免核准	不少于 200 人	同主板	同主板
	存续时间	存续满两年	存续满 3 年	同主板	同主板
	盈利指标	具有持续盈利能力	近 3 年会计年净利润为正,累计超 3000 万元,净利润以扣除非经常性损失前后较低者为计算依据	同主板	近两年连续盈利,净利润累计不少于 1000 万元或近 1 年营收不少于 5000 万元,近两年营收增长率不低于 30%
	现金流要求	无	近 3 年会计年现金流累计超 5000 万元或近 3 年会计年营收超 3 亿元	同主板	无
	净资产要求	无	最近 1 期末无形资产占净资产比例不高于 20%	同主板	最近 1 年期末净资产不少于 2000 万元且不存在未弥补亏损
	股本总额要求	无	不少于 5000 万元	同主板	不少于 3000 万元
	券商督导要求	主办券商推荐并持续督导	上市当年余期及其后两会计年	同主板	上市当年余期及其后 3 个会计年

续表

主题板块		新三板	A股		
			主板	中小板	创业板
投资者准入条件	投资者主体资格	机构投资者（证券/保险公司）证投基金/PE/VC合格境外投资者企业年金等法人机构、注册资本500万元以上，合伙企业实缴资本500万以上；自然人须有两年以上证券投资经验，名下金融资产须达500万元以上	法人、基金、自然人	同主板	同主板
交易制度	交易方式	协议、做市、竞价交易或其他	竞价交易大宗采购协议和盘后定价	同主板	同主板
	交易时间	周一至周五上午9：30～11：30；下午13：00～15：00	同新三板	同新三板	同新三板
	控股股东及实际控股人交易限制	挂牌前持股票分3批解禁，每期为其所持股票的1/3，解禁时间为挂牌日/挂牌满1年和两年，券商做市库存，初始股票不受此限制	公开发行前已发行股票，自上市日起1年内不得转让，控股股东和实际控股人承诺自发行人股票上市36个月内不转让	同主板	同主板
	涨跌幅限制	不设涨跌幅限制	涨跌幅限制10%，但ST和*ST为涨跌幅则限制为5%	同主板	同主板
	申报数据限制	1000股或其整数倍	以竞价方式买入100股或其整数倍	同主板	同主板

续表

主题板块		新三板	A 股		
			主板	中小板	创业板
风险警示条件	连续亏损	无	两年	同主板	两年，在披露后首个半年报时
	净资产为负	1 年	1 年	同主板	1 年
	营收低于1000 万元	无	1 年	同主板	无
	审计报告否定或无法表示	1 年	1 年	同主板	1 年，在披露后首个半年报时
	未改正财务报告中重大差错	无	未按照改正且公司股票已停牌两个月	同主板	未按照改正规定期限届满后次 1 个交易日
	未按照发布年报和半年报	无	未按照改正且公司股票已停牌两个月	同主板	未按照改正规定期限，届满后次 1 个交易日
	股权分布不符合上市条件	无	连续 20 个交易日不符合，提交解决方案获交易所同意恢复交易当日	同主板	连续 10 个交易日不符合，在其后首个交易日
	股本总额变化，不具备上市条件	无	一旦发生即暂停上市（不再风险提示）	同主板	知悉股本总额变化，不再具备上市条件时风险警示
	宣告破产	无	披露相关破产受理公告后的次 1 个交易日	同主板	无
	公司解散	无	披露可能被解散公告后次 1 个交易日	同主板	无
退市条件	连续亏损	无	4 年	同主板	同主板
	净资产为负	无	3 年	同主板	两年
	营收低于1000 万元	无	3 年	同主板	无
	审计报告为否定或无法表示意见	无	3 年	同主板	两年半

主题板块		新三板	A股		
			主板	中小板	创业板
退市条件	财务触击退市，未在法定期限公布年报	无	被暂停上市后，未在法定期限公布年报	同主板	无
	未改正财务报告中重大差错	无	6个月	同主板	同主板
	未按照披露年报或中报	两个月	6个月	3个月	3个月
	累计成交量过低	无	120个交易日累计成交量低于500万股	同主板	同主板
	收盘价低于面值/股	无	连续20个交易日	同主板	同主板
	连续20个交易日股权分布不符合上市条件	无	暂停上市后6个月仍不符合的	同主板	同主板
	股东总额变化，不再具备上市条件	无	交易所规定期限内仍不达标的	同主板	同主板
	宣告破产	无	被法院宣告破产的	同主板	同主板
	公司解散	公司清算注销后退市	因故解散的	同主板	同主板
	受到交易所公开谴责的	无	无	36个月内3次	同中小板
	未在规定期限内补充恢复上市资料的	无	未能在30个交易日补充的	同主板	同主板
	因财务被暂停上市后不具备恢复上市条件的	无	因财务被暂停上市后不具备恢复上市条件的	同主板	同主板

附录2 分层标准

附表2 分层标准

指标分层	标准一、净利润+净资产收益率+股东人数	标准二、营业收入复合增长率+营业收入+股本	标准三、市值+股东权益+做市商家数	共同标准
净利润额	两年连续盈利且平均净利润不少于2000万元			1. 公司治理：（1）符合《挂牌公司章程指引规定》；（2）制定完善管理制度；（3）设专职董事会秘书。 2. 无违规记录。最近12个月无以下情况：（1）控股股东董、监、高受到纪律处理或受到证监会行政处罚或其他部门罚款以上处罚或受到刑事处罚或公司丧失经营资质；（2）控股股东董、监、高因信披违规、公司治理违规等行为被采取约见谈话、提交书面承诺、出具警示函、责令改正、限制证券交易账户交易等自律监管措施3次以上；（3）控股股东实际控股人存在重大未决诉讼，正在接受重大违法违规立案调查或其他未决事项； 3. 满足以下条件：最近3个月内实际成交天数不低于50%——包括挂牌同时完成过融资。
净资产收益率	最近两年平均净资产收益率不低于10%			
股东人数	最近3个月日均股东人数不少于300人			
营收增长		最近两年营业收入复合增长率不低于50%		
营业收入		最近两年平均营业收入不低于4000万元		
股本总额		股本不少于2000万元		
市值总额			最近3个月日均市值不少于6亿元	
股东权益			最近一年末股东权益不少于5000万元	
做市商数			做市商家数不少于6家	

附表 3 创新层—维持标准 1（针对标准 1）

要素	具体标准	设置依据	备 注
净利润要求	1. 最近两年连续盈利；2. 平均净利润不少于 2000 万元（净利润以扣除非经常性损益前后较低者为计算依据）	考虑保持创新层稳定性，该指标适当低于准入要求	要求创新层公司无重大违法违规行为或连续多次违规
净资产收益率	最近两年净资产收益率不低于 6%（以扣除非经常性损益前后较低者为计算依据）	考虑保持创新层稳定性，该指标适当低于准入要求	
股东人数	最近 3 个月日均股东人数不少于 200 人	与准入条件保持一致	
公司治理	公司治理符合创新层的准入要求	与准入条件保持一致，要求公司治理合规	
交易要求	最近 3 个月内实际天数占可成交天数比例不低于 50%	对创新层挂牌公司有最低交易频率要求	
违规记录	最近 12 个月未出现以下情形：（1）挂牌公司或控股股东实际控制人董、监、高因信披违规、公司治理违规等行为被采取纪律处分以上自律监管措施；或受到中证监行政处罚或其他部门罚款以上行政处罚；或受到刑事处罚或公司丧失经营资质；（2）挂牌公司或挂牌公司控股股东实际控制人董、监、高因信披违规、公司治理违规等行为被采取约见谈话、提交书面承诺、出具警示函、责令改正、限制证券交易账户交易等自律监管措施 3 次以上的；（3）控股公司或挂牌公司的控股股东实际控制人存在重大未决诉讼，正在授受重大违法违规立案调查或存在其他重大未决事件的		

附表 4　创新层—维持标准 2（针对标准 2）

要素	具体标准	设置依据	备　注
营业收入复合增长率	最近两年营业收入连续增长，且复合增长率不低于 30%	考虑保持创新层稳定性，该指标适当低于准入要求	通过"标准 2"进入创新层的挂牌公司，应当同时满足以下维持标准；不满足的应该调整到"基础层"
营业收入	最近两年营业收入不低于 4000 万元	与准入条件保持一致	
股东总额	股本不少于 2000 万元	与准入条件保持一致	
公司治理	公司治理符合创新层的准入要求	与准入条件保持一致，要求公司治理合规	
交易要求	最近 3 个月内实际天数占可成交天数比例不低于 50%	对创新层挂牌公司有最低交易频率要求	
违规记录	最近 12 个月未出现以下情形：（1）挂牌公司或控股股东实际控制人董、监、高因信披违规、公司治理违规等行为被采取纪律处分以上自律监管措施；或受到中证监行政处罚或其他部门罚款以上行政处罚；或受到刑事处罚或公司丧失经营资质；（2）挂牌公司或挂牌公司控股股东实际控制人董、监、高因信披违规、公司治理违规等行为被采取约见谈话、提交书面承诺、出具警示函、责令改正、限制证券交易账户交易等自律监管措施 3 次以上的；（3）控股公司或挂牌公司的控股股东实际控制人存在重大未决诉讼，正在授受重大违法违规立案调查或存在其他重大未决事件的		

附表 5　创新层—维持标准 3（针对标准 3）

要素	具体标准	设置依据	备 注
市值要求	最近 3 个月平均日均市值不少于 3.6 亿元	考虑保持创新层稳定性，该指标适当低于准入要求	
股东权益	最近一年末股东权益不少于 5000 万元	与准入条件保持一致	
做市商家数	做市商不少于 6 家	与准入条件保持一致	
公司治理	公司治理符合创新层的准入要求	与准入条件保持一致，要求公司治理合规	通过"标准三"进入创新层的挂牌公司，应当同时满足以下维持标准；不满足的应该调整到"基础层"
交易要求	最近 3 个月内实际天数占可成交天数比例不低于 50%	对创新层挂牌公司有最低交易频率要求	
违规记录	最近 12 个月未出现以下情形：（1）挂牌公司或控股股东实际控制人董、监、高因信披违规、公司治理违规等行为被采取纪律处分以上自律监管措施；或受到中证监行政处罚或其他部门罚款以上行政处罚；或受到刑事处罚或公司丧失经营资质；（2）挂牌公司或挂牌公司控股股东实际控制人董、监、高因信披违规、公司治理违规等行为被采取约见谈话、提交书面承诺、出具警示函、责令改正、限制证券交易账户交易等自律监管措施 3 次以上的；（3）控股公司或挂牌公司的控股股东实际控制人存在重大未决诉讼、正在接受重大违法违规立案调查或存在其他重大未决事件的		

附表 6 创新层与基础层差异

内容要求分层制度		创 新 层	基 础 层
融资制度	发行方式	建立一次审批、分期实施的储架发行制度和挂牌公司股东大会一次审议、董事会分期实施的授权发行机制；加强融资定价的指导；加强低价发行的限售指导	维持现有规则不变
	募集资金用途管理	进一步强化募集资金用途的披露；募集资金实行专户管理；主办券商应当将募集资金使用情况纳入持续督导范围；改变募集资金用途的应该履行约定的决策程序并予以披露；定期报告中详细披露募集资金的使用情况	维持现有规则不变
	融资方式	先行试点发行公募债等融资方式	维持现有规则不变
服务	董秘资格	董事会秘书应当取得创新层资格证书，并要求董事会设立专门的管理机构	董事会秘书或信息披露负责人应当取得基础层资格证书
	主办券商对公司培训	主办券商应当参照《主办券商持续督导工作指引》规定，每年至少对督导的挂牌公司的董秘或者信息披露负责人进行两次培训	主办券商应当参照《主办券商持续督导工作指引》规定，每年至少对督导的挂牌公司的董秘或者信息披露负责人进行 1 次培训
信息披露	定期报告	在每个会计年度结束之日起 3 个月内编制并披露年度报告或者业绩快报，鼓励公司披露业绩预告；在每个会计年度的上半年结束之日起 1 个月内编制并披露半年报告或业绩快报	维持现有规则不变
	临时报告	在现行规则基础上，所有对外投资、购买或出售资产、对外担保等行为都必须披露临时公告	对于公司章程规定的无须提交股东大会审议的关联交易，比照日常性关联交易管理
	季报	鼓励披露季报	维持现有规则不变

续表

内容要求分层 制度		创新层	基础层
信息披露	信息披露 管理制度	要求必须制定并披露信息披露的相关管理办法及重大差错责任追究制度，明确信息披露的负责人和责任分配	维持现有规则不变
	承诺事项 管理	挂牌公司和相关信息披露义务人应当严格遵守承诺事项，承诺事项应当单独披露。挂牌公司应当在定期报告中专项披露承诺事项的履行情况。如出现公司或者相关信息披露义务人不能履行承诺的情形，公司应当及时披露具体原因和董事会拟采取的措施	维持现有规则不变
公司治理	定期报告 或者专门 报告	在定期报告或专门报告中，完整披露是否遵守了创新层公司的公司法理要求	维持现有规则不变
	主办券商 持续督导	检查创新层公司是否符合公司治理条件；披露专项督导报告	维持现有规则不变
	短线交易	挂牌公司董、监、高，持有公司股份 10% 或以上的股东，将其持有的公司股票在买入后 6 个月内卖出，或者在卖出后 6 个月内又买入，由此所得收益归公司所有，公司董事会应当收回其所得收益，并及时披露相关情况	维持现有规则不变
	敏感期交易	挂牌公司董、监、高，持有公司股份 10% 或以上的股东在年度报告等重大信息披露前的 30 日内买卖公司股票的，应当提交专项说明	维持现有规则不变
违规处理	培训和考试	创新层出现违规的，全国股转系统加强公司高管或者相关责任人的培训和教育考试	
	现场检查	主办券商对创新层挂牌公司每年至少现场专项检查一次	维持现有规则不变
	底稿检查	全国股转系统加强创新层挂牌公司股票发行、并购重组和日常持续督导等工作底稿的抽查	维持现有规则不变

续表

内容要求分层 制度		创 新 层	基 础 层
交易制度创新	交易制度 创新	优先试点	维持现有规则不变

附录3　2015年年终新三板最新数据统计（据全国中小企业股份转让系统2015年统计快报）

一、市场概览

附表7　挂牌公司规模月度统计（月末数据）

月份	挂牌公司家数	总股本（亿股）	流通股本（亿股）	总市值（亿元）	市盈率（倍）
2014.12	1,572	658.35	236.88	4,591.42	35.27
2015.01	1,864	765.78	269.05	5,591.64	36.64
2015.02	1,994	833.67	299.41	6,196.13	38.78
2015.03	2,150	919.16	329.15	9,622.04	56.55
2015.04	2,343	1,058.51	372.02	11,166.43	60.90
2015.05	2,487	1,155.74	409.11	12,500.86	52.31
2015.06	2,637	1,277.02	476.92	11,933.69	45.90
2015.07	3,052	1,540.27	572.87	13,191.72	42.07
2015.08	3,359	1,735.15	642.45	14,082.09	41.72
2015.09	3,585	1,893.73	702.14	15,110.20	42.48
2015.10	3,896	2,126.26	781.82	17,092.40	43.61
2015.11	4,385	2,463.07	889.00	20,807.51	47.97
2015.12	5,129	2,959.51	1,023.63	24,584.42	47.23

附表 8 市场主要统计指标概览

	2015 年	2014 年	2013 年
挂牌规模			
挂牌公司家数	5,129	1,572	356
总股本（亿股）	2,959.51	658.35	97.17
总市值（亿元）	24,584.42	4,591.42	553.06
股票发行 [22]			
发行次数	2,547	329	60
发行股数（亿股）	229.90	26.52	2.92
融资金额（亿元）	1,213.38	132.09	10.02
股票转让			
成交金额（亿元）	1,910.62	130.36	8.14
成交数量（亿股）	278.91	22.82	2.02
换手率（%）	53.88	19.67	4.47
市盈率（倍）	47.23	35.27	21.44
投资者账户数量			
机构投资者（户）	22,717	4,695	1,088
个人投资者（户）	198,625	43,980	7,436

---

[22] 2015 年股票发行数据截至 12 月 30 日，下同。

二、挂牌公司情况

附表 9　挂牌公司行业分布情况

行业分类	2015 年年末		2014 年年末	
	公司家数	占比	公司家数	占比
制造业	2,744	53.5%	883	56.17%
信息传输、软件和信息技术服务业	1,015	19.79%	360	22.9%
科学研究和技术服务业	219	4.27%	55	3.5%
租赁和商务服务业	210	4.09%	30	1.91%
批发和零售业	169	3.29%	26	1.65%
建筑业	157	3.06%	57	3.63%
农、林、牧、渔业	119	2.32%	38	2.42%
金融业	105	2.05%	12	0.76%
文化、体育和娱乐业	104	2.03%	28	1.78%
水利、环境和公共设施管理业	78	1.52%	24	1.53%
交通运输、仓储和邮政业	59	1.15%	15	0.95%
电力、热力、燃气及水生产和供应业	33	0.64%	5	0.32%
房地产业	26	0.51%	0	0%
采矿业	24	0.47%	14	0.89%
卫生和社会工作	24	0.47%	11	0.7%
教育	19	0.37%	4	0.25%
居民服务、修理和其他服务业	13	0.25%	7	0.45%
住宿和餐饮业	11	0.21%	1	0.06%
综合	0	0%	2	0.13%
合计	5,129	100%	1,572	100%

附表 10 挂牌公司地域分布情况

省份	2015 年年末		2014 年年末	
	公司家数	占比	公司家数	占比
北京	763	14.88%	362	23.03%
广东	684	13.34%	149	9.48%
江苏	651	12.69%	171	10.88%
上海	440	8.58%	166	10.56%
浙江	410	7.99%	69	4.39%
山东	336	6.55%	98	6.23%
湖北	204	3.98%	93	5.92%
河南	195	3.8%	55	3.5%
安徽	162	3.16%	45	2.86%
福建	139	2.71%	41	2.61%
四川	137	2.67%	31	1.97%
辽宁	114	2.22%	41	2.61%
湖南	110	2.14%	33	2.1%
河北	98	1.91%	23	1.46%
天津	92	1.79%	41	2.61%
陕西	64	1.25%	22	1.4%
新疆	63	1.23%	17	1.08%
江西	62	1.21%	13	0.83%
重庆	59	1.15%	22	1.4%
云南	55	1.07%	13	0.83%
黑龙江	51	0.99%	14	0.89%
吉林	41	0.8%	7	0.45%
贵州	36	0.7%	13	0.83%
宁夏	36	0.7%	14	0.89%

续表

省份	2015 年年末		2014 年年末	
	公司家数	占比	公司家数	占比
山西	32	0.62%	4	0.25%
广西	31	0.6%	5	0.32%
内蒙古	26	0.51%	3	0.19%
甘肃	17	0.33%	3	0.19%
海南	16	0.31%	3	0.19%
青海	3	0.06%	1	0.06%
西藏	2	0.04%	–	–
合计	5,129	100%	1,572	100%

附表 11　挂牌公司股本分布情况

股本（万股）	2015 年年末		2014 年年末	
	公司家数	占比	公司家数	占比
500 以下	25	0.49%	1	0.06%
500 ~ 1000	447	8.72%	214	13.61%
1000 ~ 5000	2,916	56.85%	944	60.05%
5000 ~ 10000	1,209	23.57%	324	20.61%
10000 以上（含 10000）	532	10.37%	89	5.66%
合计	5,129	100%	1,572	100%

注：采用上组限不在内原则，如 500 ~ 1000 区间中不包含 1000。

附表 12　挂牌公司股东人数分布情况

股东人数	2015 年年末		2014 年年末	
	挂牌公司数	占比	挂牌公司数	占比
2	397	7.74%	146	9.29%
3 ～ 10	1,741	33.94%	669	42.56%
10 ～ 50	2,056	40.09%	596	37.91%
50 ～ 100	453	8.83%	98	6.23%
100 ～ 200	275	5.36%	51	3.24%
200 以上	207	4.04%	12	0.76%
合计	5,129	100%	1,572	100%

注：采用上组限不在内原则，如 100 ～ 200 区间中不包含 200。

三、股票转让

附表 13　历年股票成交情况统计

年度	成交数量（万股）	成交金额（万元）	成交笔数	换手率（%）
2006	1,592.63	8,340.71	251	–
2007	4,420.15	23,156.63	521	–
2008	5,407.86	29,527.82	484	–
2009	10,735.76	48,342.53	878	–
2010	6,951.29	41,872.24	644	–
2011	9,562.76	56,169.56	832	5.57%
2012	11,455.51	58,431.81	638	4.47%
2013	20,242.52	81,396.19	989	4.47%
2014	228,212.40	1,303,580.47	92,654	19.67%
2015	2,789,072.49	19,106,224.99	2,821,339	53.88%

附表 14　2015 年股票成交月度统计

月份	成交数量（亿股）	成交金额（亿元）	成交笔数（万笔）	换手率（%）
2015.01	4.95	29.73	4.93	2.41%
2015.02	5.3	35.82	4.91	2.49%
2015.03	24.93	220.02	32.89	10.02%
2015.04	35.52	373.12	50.73	11.47%
2015.05	24.53	226.12	24.32	6.27%
2015.06	21.26	177.68	23.44	4.64%
2015.07	18.95	123.00	30.56	3.29%
2015.08	15.93	89.98	17.76	2.08%
2015.09	18.13	79.51	13.41	1.75%
2015.10	19.63	89.47	12.69	1.8%
2015.11	43.39	227.95	33.45	3.97%
2015.12	46.38	238.22	33.05	3.73%
2015 年合计	278.91	1,910.62	282.13	53.88%

四、股票发行

附表 15　历年股票发行情况统计

年度	发行次数	发行金额（万元）	发行股数（万股）
2007	3	11,874.92	4,542.00
2008	5	24,564.55	5,620.00
2009	2	5,639.28	956.00

续表

年度	发行次数	发行金额（万元）	发行股数（万股）
2010	8	35,835.91	6,867.00
2011	10	64,818.45	8,007.00
2012	24	85,886.00	19,292.00
2013	60	100,236.43	29,193.87
2014	329	1,320,858.20	265,197.50
2015	2,547	12,133,763.55	2,299,008.04
合计	2,988	13,783,477.29	2,638,683.41

附表 16　股票发行行业分布情况

行业门类	2015 年		2014 年	
	金额（万元）	次数	金额（万元）	次数
制造业	3,578,932.80	1,295	312,584.82	157
信息传输、软件和信息技术服务业	1,830,946.31	580	188,246.67	99
建筑业	343,965.94	97	14,512.00	14
农、林、牧、渔业	287,373.49	65	18,839.69	9
科学研究和技术服务业	244,175.70	102	10,600.50	8
文化、体育和娱乐业	241,273.81	48	17,562.00	7
水利、环境和公共设施管理业	114,802.90	37	21,060.00	6
卫生和社会工作	36,040.90	17	6,394.40	5
交通运输、仓储和邮政业	430,886.18	30	3,236.28	5
批发和零售业	224,028.90	87	4,990.76	5
采矿业	24,509.25	9	4,804.50	4
租赁和商务服务业	701,539.71	100	20,220.00	4

续表

行业门类	2015 年		2014 年	
	金额（万元）	次数	金额（万元）	次数
金融业	3,906,753.67	42	678,676.59	3
综合		—	16,000.00	1
电力、热力、燃气及水生产和供应业	86,344.70	19	820.00	1
教育	25,923.47	6	2,310.00	1
房地产业	38,114.00	8	—	—
居民服务、修理和其他服务业	10,179.72	4	—	—
住宿和餐饮业	7,972.08	1	—	—
合计	12,133,763.55	2,547	1,320,858.20	329

附表 17　股票发行地域统计

省份	2015 年		2014 年	
	金额（万元）	次数	金额（万元）	次数
北京	3,306,254.71	432	817,853.70	92
湖北	262,356.11	99	33,582.07	19
上海	1,034,292.42	258	83,714.09	47
天津	95,441.56	36	17,075.14	12
贵州	72,449.44	14	6,505.00	4
安徽	206,927.15	86	13,836.42	12
广东	2,929,483.76	378	168,194.72	30
河南	382,545.27	111	5,150.38	6
山东	609,299.50	168	32,181.00	17
陕西	97,481.00	33	250.00	1

续表

省份	2015 年		2014 年	
	金额（万元）	次数	金额（万元）	次数
江西	85,547.85	30	13,000.00	1
江苏	1,051,473.23	257	38,782.03	32
浙江	484,386.95	160	20,282.40	10
湖南	131,358.83	58	3,559.60	4
黑龙江	85,693.95	25	18,490.00	2
辽宁	116,442.66	46	6,785.70	6
福建	212,345.43	88	4,475.25	5
四川	123,350.22	63	9,785.18	13
重庆	78,050.69	22	500.00	1
广西	225,211.65	20	–	–
新疆	95,898.58	19	3,800.00	2
云南	39,615.01	24	3,100.00	2
山西	47,335.14	15	–	–
宁夏	96,947.33	23	3,410.00	3
海南	57,599.14	12	–	–
河北	125,794.21	42	15,295.53	7
甘肃	34,293.45	11	–	–
吉林	33,761.10	12	1,250.00	1
内蒙古	9,127.18	4	–	–
西藏	3,000.00	1	–	–
合计	12,133,763.55	2,547	1,320,858.20	329

五、并购重组

附表 18 2015 年挂牌公司重大资产重组及收购

月份	重大资产重组次数	重组交易金额（万元）	收购次数	收购交易金额（万元）
2014 年	8	107,368.94	8	22,109.80
2015 年 1 月	3	12,400.00	2	7,782.00
2015 年 2 月	–	–	3	7,319.40
2015 年 3 月	3	28,808.64	4	47,589.50
2015 年 4 月	7	50,808.16	5	18,519.78
2015 年 5 月	5	17,344.73	5	6,152.00
2015 年 6 月	8	40,754.98	15	48,425.16
2015 年 7 月	5	265,324.55	10	33,471.28
2015 年 8 月	9	244,136.39	9	188,490.45
2015 年 9 月	16	1,371,350.68	12	17,699.07
2015 年 10 月	10	377,816.18	10	24,955.58
2015 年 11 月	11	167,764.72	10	68,818.71
2015 年 12 月	25	316,621.79	21	81,749.97
2015 年合计	102	2,893,130.82	106	550,972.89

附表 19 终止挂牌

序号	证券代码	公司简称	摘牌原因	摘牌时间
1	430760	奥新科技	被收购	2015/1/16
2	430628	易事达	被收购	2015/2/17

续表

序号	证券代码	公司简称	摘牌原因	摘牌时间
3	430050	博朗环境	主动申请	2015/3/27
4	430049	双杰电气	IPO	2015/4/20
5	430040	康斯特	IPO	2015/4/22
6	831127	祺龙股份	主动申请	2015/4/29
7	430018	合纵科技	IPO	2015/6/1
8	831976	祥辉电缆	主动申请	2015/6/10
9	833097	众益制药	被收购	2015/8/27
10	831966	业际光电	被收购	2015/9/30
11	831812	宇寿医疗	被收购	2015/12/2
12	430598	众合医药	被吸收合并	2015/12/7

六、主办券商执业情况

附表 20　主办券商推荐家数（前 10 名，按全部挂牌家数排名）

序号	主办券商	推荐挂牌家数
1	申万宏源	436
2	中泰证券	245
3	中信建投	201
4	安信证券	198
5	广发证券	197
6	国信证券	187

续表

序号	主办券商	推荐挂牌家数
7	长江证券	164
8	招商证券	155
9	国泰君安	150
10	东吴证券	149

附表 21　主办券商推荐家数（前 10 名，按 2015 年新挂牌家数排名）

序号	主办券商	推荐挂牌家数
1	申万宏源	254
2	中泰证券	155
3	安信证券	152
4	中信建投	135
5	国信证券	126
6	广发证券	124
7	招商证券	114
8	国泰君安	113
9	东吴证券	105
10	长江证券	94

附表 22　主办券商参与发行情况（前 10 名，按发行金额排名）

序号	主办券商	股票发行金额及占比		发行次数
		金额（万元）	占比	
1	光大证券	1,468,537.40	12.1%	65
2	西部证券	1,117,489.96	9.21%	38
3	申万宏源	840,684.51	6.93%	199
4	国信证券	739,675.79	6.1%	105
5	中信建投	729,373.87	6.01%	104
6	中信证券	432,923.05	3.57%	40
7	广发证券	429,076.89	3.54%	128
8	中泰证券	357,463.56	2.95%	137
9	国泰君安	349,953.97	2.88%	58
10	招商证券	340,546.85	2.81%	68
合计		6,805,725.84	56.09%	942

附表 23　主办券商参与发行情况（前 10 名，按发行次数排名）

序号	主办券商	股票发行金额及占比		发行次数
		金额（万元）	占比	
1	申万宏源	840,684.51	6.93%	199
2	中泰证券	357,463.56	2.95%	137
3	广发证券	429,076.89	3.54%	128
4	国信证券	739,675.79	6.1%	105
5	中信建投	729,373.87	6.01%	104
6	长江证券	237,223.93	1.96%	99
7	安信证券	200,550.15	1.65%	97

续表

序号	主办券商	股票发行金额及占比		发行次数
		金额（万元）	占比	
8	招商证券	340,546.85	2.81%	68
9	东北证券	181,374.46	1.49%	66
10	光大证券	1,468,537.40	12.1%	65
合计		5,524,507.41	45.53%	1068

1. 上海锦狮投资管理有限公司

上海锦狮投资管理有限公司是国内首家专门提供"新三板市值管理系统解决方案"的公司，专注于新三板价值排行榜、新三板市值管理咨询、新三板价值投资全过程的专业服务。

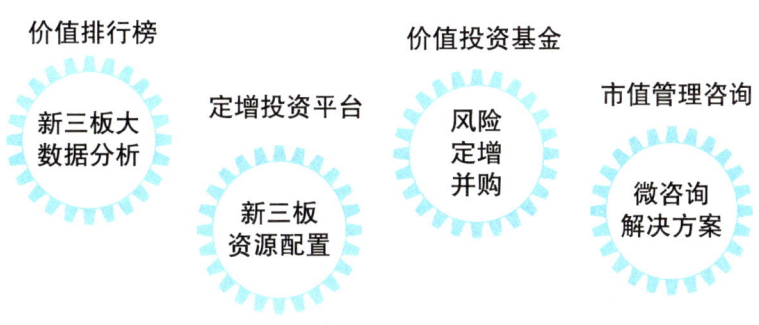

锦狮生态链

通过"诊断分析＋微咨询＋解决方案＋投资"的服务方式，该公司力争帮助新三板企业全面解决市值管理的问题，推动新三板企业市值持续增长。

上海锦狮投资管理有限公司秉持咨询、资金、资源相配套的理念，帮助新三板企业全面提升盈利能力、融资能力、复制能力，通过市梦率、市盈率、杠杆率的全面提高，提升企业市值。迄今为止，其服务的新三板企业已超过80家。

"锦狮风险基金"是在锦狮的会员企业当中，以新三板市值管理咨询整体解决方案咨询费作为第一期投资，持有挂牌、拟挂牌企业股权，锦狮提供咨询、项目包装、模式再造及资源匹配等服务，提升企业的估值。

"锦狮定增基金"是锦狮通过自己的新三板价值排行榜系统评估筛选出优质挂牌企业，以市值管理咨询整体方案和领投基金进入，参与挂牌企业的定增投资，通过市值管理运作，提升挂牌企业市值，获取超额收益。

"锦狮并购基金"是在新三板市值管理咨询整体方案实施的前提下，投资锦狮参与市值管理的挂牌企业，通过连续并购、投资、参股、增资、控股等方式，扩大资产规模，提高业绩指标，拉升挂牌企业股价，做大公司市值。

2. 感谢开运食品朱耀芬女士的友情支持

上海开运食品有限公司成立于 2007 年 7 月，是由上海友谊食品公司经营部转型而来，有着 20 年的集食品加工、销售、服务于一体的经营历史，聚焦航空食品冷链物流配送，是中国唯一一家法国蓝带厨艺学校指定的全品相供应商。

上海开运食品有限公司是最早获得 ISO2000、重合同守信用的企业。曾多次获得上海市和虹口区先进企业、上海市抗震救灾先进企业等称号。作为虹口区政协委员的朱耀芬董事长也是上海市第十三届妇女代表大会代表，被授予全国妇女"巾帼建功标兵"、上海市"三八红旗手"、虹口区"三八红旗手"、红十字爱心等称号。

上海开运食品有限公司长期以来与一流企业的一流产品合作，东方航空、上海航空、佳美航空、南方航空、中国国际航空公司等都是该公司的长期合作伙伴。

上海开运食品有限公司 20 年如一日，立足大上海，衔接江浙，以点带面，积极融入长江三角洲。该公司致力于以食品安全为主导，从源头保证产品质量安全，精益求精，立志为客户提供最安全、最纯正、最独特的产品及专业细致的服务。

今天，上海开运食品有限公司正值新生代接班的新时代。在当下复杂、严峻的经济形势下，上海开运食品有限公司的责任和担当远重于荣耀，他们将传承并开拓一个崭新的开运。

读书笔记

读书笔记

好书是俊杰之士的心血，智读汇为您精选上品好书

《赢在薪酬》

从战略、匹配、绩效、实操和工具五个层次，全面解读成功企业高效率薪酬体系设计！

《南聊：南柏智慧箴言》

央视百家讲坛大咖鲍鹏山、韩田鹿、郦波联袂推荐，已使成千上万企业家学员受益！

《培训进化论》

本书融合5家企业大学案例，凝练10个学习设计模型，归纳80个实战工具图表。最实效的培训必读书！

《绩效增长》

本书已有5000多家企业学习，400000名学员见证，解读行动成功王牌课程"绩效增长模式"！

《解密HRBP发展与体系构建》

中国HRBP界第一本书，国际人力资源顶级大师Dave Ulrich鼎力推荐！

《精解HRBP实战案例·工具与方案》

《解密HRBP发展与体系构建》姊妹篇，更多实战案例、工具与方案，传统HR向HRBP转型必备工具书！

《好预算定乾坤》

以对小说细节精益求精刻画的匠心及作者二十多年的专业和权威，详解全面预算管理基本理论、实操细节、执行要点！

《新三板市值管理》

新三板市值管理第一本书！已（拟）挂牌企业、券商、投资公司、基金公司、中小企业局新三板市值管理必备书！

《支点》

作者系统研究和借鉴现代管理营销，创新地提炼出了"支点理论"，并系统地阐述了其方法和运用法则。

关于"一书一课"的温馨提示

亲爱的读者朋友：

　　我们倡导学以致用、知行合一，所以特别推出"一书一课"服务，所有"智读汇·名师书苑"的精品图书背后，都有老师的精品课程值得关注。

　　通过阅读、学习本书，帮您解决了哪些工作中的难题？工作中仍有什么样的难题未得到解决？请认真填写，本书策划服务团队及作者本人会在收到您的疑问后进行解答。

　　已解决的难题：_____

　　未解决的难题：_____

智读汇一书一课
微信平台

　　欢迎咨询作者课程，希望到课堂现场聆听作者的智慧分享，请与我们联系。愿我们共同分享阅读、学习和成长的乐趣！